2.0 全新升级

极简沟通

深度关系经营
与领导力发展指南

张零 著

浙江科学技术出版社·杭州

版权所有　侵权必究

图书在版编目（CIP）数据

极简沟通 / 张零著. -- 杭州：浙江科学技术出版社, 2025.2. -- ISBN 978-7-5739-1612-9

Ⅰ.C912.11-49

中国国家版本馆CIP数据核字第2025ZU8084号

书　　名	极简沟通	
著　　者	张　零	
出版发行	浙江科学技术出版社 地址：杭州市拱墅区环城北路177号　邮政编码：310006 办公室电话：0571-85176593 销售部电话：0571-85176040 E-mail：zkpress@zkpress.com	
排　　版	杭州兴邦电子印务有限公司	
印　　刷	浙江新华印刷技术有限公司	
开　　本	880 mm×1230 mm　1/32　印　张　9.5	
字　　数	228千字	
版　　次	2025年2月第1版　　印　次　2025年2月第1次印刷	
书　　号	ISBN 978-7-5739-1612-9　定　价　68.00元	

责任编辑	陈淑阳	责任校对	张　宁
责任美编	金　晖	责任印务	吕　琰

如发现印、装问题，请与承印厂联系。电话：0571-85164359

推荐序一　一套创新的沟通能力发展方案

每个人的能力都是有限的，通常难以独自创造出某种物质财富。现实中哪怕是生产一个面包或一盒曲别针，也离不开很多人的相互协作。比如大家熟悉的主营包装饮用水的农夫山泉股份有限公司、杭州娃哈哈集团有限公司，这些企业都有数万名员工。看来，做成一件事情，需要团队，需要组织，或者说需要一个协作的生态系统。而这一切的成功，都离不开沟通。

生活中也是一样。夫妻关系、亲子关系、婆媳关系，常常因互不理解而产生矛盾，这些矛盾大部分是由缺乏有效沟通带来的。人在由小长大、笃学成年、参加社会工作、组建家庭的过程中，需要来自他人的信任，需要相应的机会和资源。人与人之间深度的关系，并不会平白获得，为此我们还需要沟通。

沟通是被很多人忽视的一种能力，能否将重要而又艰难复杂的沟通化繁为简，也是判断一位管理者能力强弱的重要标尺。一个职场人要获得长远的发展，要为组织创造价值，必须联合他人的力量，得到外部的资源和他人的信任，沟通是帮助我们获得这一切的关键。

我的职业经历，让我时刻见证和感受着沟通的魅力。人与人是不同的，又是相似的，我们在工作中既要看到彼此的不同，也要看到共同的目标和愿景。越是能倾听不同的声音，达成更多的共识，我们就越能凝聚更多的人。当然，沟通能力不仅仅是个人的，团队也应有沟通能力。当一个团队具备更强的沟通能力时，团队成员间可以更坦诚、更深度地建立对话，客户会更加信任团队，从而使团队所在的企业得到良性发展。

我了解极简沟通是在2020年，那时候《极简沟通：让沟通化繁为简的学问》刚出版不久，过去的这几年我看到了极简沟通的多次迭代升级，极简沟通从一些理念、思维逐渐转变为更实用的工具和方法。极简沟通聚焦艰难复杂的沟通场景，定义了沟通的三个关键因素，创造了核心原则、状态象限和目标模型三个工具。做加法是我们的本能，而做减法是一种智慧。在物质生活更加丰富的今天，极简沟通带领我们以减法思维思考和解决沟通问题，进一步提高我们沟通的效率。

过去十多年，作者张零一直在人际沟通这个领域探索，支持他人和团队发展沟通能力。沟通是个人获得幸福和事业成功的基础能力，是团队获得发展的保障，所以他的这些工作也显得非常重要。支持他人和团队发展沟通能力，也意味着支持更多人靠近自己的梦想。判断一个人对社会的价值，不只看他自己得到了什么，还要看他能否支持周围的人获得成长。

张零是一个充满激情和创造力的人，他对新事物充满了好奇心，总能最先了解到各种新的科技发展资讯，也乐于探索各种新技术。他身上的这些特征，让我对极简沟通的发展充满了期待。极简沟通是一套创新的沟通能力发展方案，是减法思维和沟通融合的产物，也是把第一性原理用在沟通中的成果。虽然已经有了十多年的发展，但未来持续的迭代升级仍是非常必要的。

如果你希望提高自己的沟通能力，希望团队有能力通过沟通高效解决问题，那么我推荐你阅读全新的《极简沟通》，这是一本能带给你众多启发的书。最后,祝愿每个人都能用沟通创造生活的美好,都能用沟通成就自己的梦想!

胡利华

广州视源电子科技股份有限公司 CFO
原 TCL 华星光电技术有限公司执行董事、CFO

推荐序二　如何用极简沟通应对关系的挑战

我一直觉得,沟通能力是我们最需要培养的能力,但后来我发现,并不是所有人都这么想。我跟很多人不断聊到一个问题:为什么我们要培养自己的沟通能力?我和张零老师也讨论过这个问题。在他看来,沟通可以帮我们构建最重要的关系、对抗不可避免的冲突、提升价值创造能力,以及突破生活和职场的困境。也正是因为这次讨论,我和张零老师达成共识,将沟通实验室的使命确定为:帮助更多人用沟通提升领导力,培养应对关系挑战的能力。

虽然每个人不同,但都要面对一些重要的关系,而这些关系却充满了挑战。比如我们内心渴望美好的亲密关系,但又在现实中不断制造出大量争吵,让彼此本来脆弱的关系雪上加霜。亲子关系中孩子变得越来越叛逆,矛盾越来越多。处理好职场关系对很多人来说更是难上加难,每天要面对上司施加的压力,同事变得越来越难配合,下属的工作总是无法让人满意,客户的要求变得越来越多。这些关系带来的挑战,每天在无数人的世界里出现,如果你觉得不知所措,那么我向你推荐极简沟通,它可以帮你更好地应对这些关系的挑战。

真的吗?你可能会好奇这到底是如何做到的。在你通过阅读本书获得答案之前,请允许我小小"剧透"一下。沟通效果取决于很多因素,有些是你可以改变的,有些是你无法掌控的,极简沟通让你把焦点放在那些你能改变的部分,并通过三个工具模型让你知道如何改变。更详细地说，因为你有核心原则，你会远离一些陷阱式信念，更有可能给予耐心和善意，以及践行平等和包容；因为你有状态象限，你会主动觉察和定义沟通状态，更有可能带给对方好的情绪感受，并让表达的内容更有价值和意义；因为你有目标模型，你会洞悉自己沟通的内在需求，不会轻易被外部环境或对方的态度所干扰，更有可能实现自己的沟通目标。

若要提高沟通能力，仅仅知道工具和方法肯定还不够。极简沟通主张知行合一，目的是让你将"三剑客"工具变成自己沟通习惯的一部分。当关系面临巨大挑战时，沟通中可能充斥着情绪，彼此的立场可能对立，双方的认知差异或许很大，这时候大多数人都会深陷沟通的困境，而你因为将极简沟通变成了自己的沟通习惯，就能应对这些挑战。

以上这些，是你在阅读这本书之前，我想特别告诉你的。简而言之，极简沟通可以帮你有效应对关系挑战，让你获得幸福的亲密关系、和谐的亲子关系、融洽的职场关系。

我是沟通实验室（广州）有限公司CEO钱钱，特别向你推荐张零老师最新的《极简沟通》，相信你会在阅读中获得大量启发，懂得发现和驾驭沟通的力量，创造出你想要的美好生活。

钱小琴

沟通实验室（广州）有限公司CEO
极简沟通（北京）文化有限公司联合创始人

推荐语　关于极简沟通，大家这么说

作家刘震云在小说《一句顶一万句》中说："一个人的孤独不是孤独，一个人找另一个人，一句话找另一句话，才是真正的孤独。"多年从事沟通教练工作的张零老师，通过删繁就简最终为你带来全新升级的《极简沟通》。书中的极简沟通"三剑客"工具，没有提供场景答案或标准话术，而是提供了一套可行的底层逻辑。正如"心有全局，才不会迷失在局部"，抓住本质和重点，沟通原来可以如此 "极简"！

郑璧如

深圳"40年40家"最美书店吾非书店创始人

要从零开始创建一家企业，并让这家企业在市场中取得成功，你肯定要经历大量沟通。沟通是聚合优秀人才、激发创意的关键。极简沟通通过减法思维和第一性原理，能让你将艰难复杂的沟通化繁为简。具备这种能力时，你就有了更强的领导力，不管面临怎样的挑战，都能带领团队勇往直前。

张芮菊

深圳市卓兴半导体科技有限公司总经理

深圳博商汇第六届常务副理事长

沟通，是一场无限游戏。人活着，每天都需要与人沟通。通过沟通，经营人际关系，收获与人相处的感受、体验，甚至是成功与幸

福。因此，能不能沟通、会不会沟通在很大程度上影响着一个人的社会关系与事业成就。《极简沟通》的作者张零先生告诉我们极简沟通的"秘诀"，本书内容丰富，实用价值高，可即学即用，是职场人必修的沟通课程。推荐边读边练，必能收获良多。

郑义林

作家、学者

深圳市华董汇文化发展有限公司创始人

沟通是解决问题的重要途径，沟通就是生产力。生活中擅长沟通的人，幸福指数更高；工作中擅长沟通的人，成功更快更易。我对"沟通"情有独钟，前不久偶遇张零老师，获悉他的新书即将出版，欣然应邀推荐。《极简沟通》将沟通升华到了技能和艺术完美融合的境界，高屋建瓴且独辟蹊径地创造了沟通新模式，达到了新高度！

燕中元

深圳工业总会产教融合发展委员会主任

深圳市中元产教融合科技有限公司董事长

大道至简是古人的智慧，但要实现化繁为简并不容易。张零老师的新书《极简沟通》，通过践行减法思维和第一性原理，从众多影响沟通的因素中选择沟通信念、对象和需求三个关键因素，创造了极简沟通"三剑客"工具。这些工具不只是术，更是道，是你修炼自己沟通能力的最佳选择。

刘小扬

深圳金鹏程资本管理有限公司董事长

深圳市力合紫荆公益基金会联合发起人

自序　你该如何阅读这本书

　　你可能听过很多道理，但真正能触动你的，往往是你从个人经历中所获得的。大多数人高估了自己1年内能做到的事情，而低估了10年所能做到的事情。完成这本书的写作后，我回顾了自己的成长历程，也复盘了创立并发展极简沟通的全过程，此刻内心充满了感激之情。

　　在我自己看来，我一直都很普通。我出生在甘肃通渭县的一个乡村，小时候不但学习成绩很一般，其他方面也没有什么特别耀眼之处。或许是因为自己太普通了，所以非常注重个人成长。而成长的起点，应该是养成阅读习惯。它让我在不知不觉中读了许多书，掌握了大量知识，认知获得了一次次升级，内心也开始变得更加自信。

　　过去12年间，由于我的职业，我到许多企业讲授沟通课程，为很多人提供沟通教练的服务，在这个过程中我逐渐发展出了极简沟通，后来还创立了沟通实验室。但我并非一开始就是沟通高手，甚至最初也不是一个特别善于表达的人。今天之所以会成为一位专业人士，除了前面我提到的大量阅读之外，另一个底层的原因可能是：我一直对人际沟通有浓厚的兴趣，总是对人与人之间的互动过程好奇，总想弄明白人们沟通背后的原理。

　　自己一直专注于人际沟通领域，当然不仅仅因为热爱，还因为对沟通价值的笃定。我逐渐意识到沟通是一个人的底层能力，希望自己的工作能以沟通为支点，帮助更多人提升领导力以及经营亲密关系和亲子关系的能力。最初，在学习和实践的过程中，我没有找到让自己特别满意的体系和方法论。大概在2012年，我产生了一个大胆的想法，想要创立一门全新的沟通学问。真的是"初生牛犊不怕虎"，那时候我对沟通领域的探索也才开始不久。最终，我用了8年时间，在2020年出版了《极简沟通：让沟通化繁为简的学问》，而4年后的今天，我又带来了全新的《极简沟通》，对极简沟通进行了全新升级。

这本书的写作始于2021年底，当时我的计划是1年内完成，可实际却用了整整3年。写第一本书的时候，我告诉自己"完成比完美更重要"，当时只希望能把自己多年来的探索和思考写出来，早点儿把极简沟通带给这个世界。而写第二本书的时候，我的想法完全不同，我希望它是一部能让自己满意的作品，希望它能真正帮助到更多人。这个看似简单的期待，却成了我过去3年难以逾越的障碍。我总是觉得它不够完美，在经过一遍又一遍的打磨后，才得到目前满意的版本。

现在，你即将阅读的这本书，共由六章构成。第一章是对极简沟通的整体概述，目的是带你以宏观视角全面了解极简沟通的底层逻辑和构成，避免迷失在更多细节里。第二、第三、第四章介绍的是极简沟通"三剑客"工具，通过它们你可以了解极简沟通核心原则、状态象限和目标模型的发展与应用。第五章探讨的是如何实现对极简沟通的知行合一，并为你提供了一个ACE系统，让你能进行更多的刻意练习。第六章带你探索五种艰难复杂的沟通场景，认识"三剑客"工具所能发挥的价值。

拿到这本书，开始阅读的时候，你可能希望看到作者的一些阅读建议。对于大部分人，我的建议是按照第一章至第六章的正常顺序来读。但如果你是个特别喜欢思考的人，那么我告诉你一种大胆的做法：你可以在读完第一章后直接读第六章，然后阅读第二章至第五章，最后重读第六章。按这个顺序阅读的好处是，你对沟通挑战会有更深刻的理解。

除了前面说的阅读顺序，我还想告诉你一个秘诀：请带着你对沟通的实际困扰阅读这本书。极简沟通致力于将艰难复杂的沟通化繁为简，会为你提供跨场景和对象的底层逻辑。相比于其他沟通能力发展方案，它的特别之处在于，非常注重由内而外的改变，模块化的设计更容易学习和应用；也适用于更多沟通场景，能帮助你系统化实现知行合一。你越是带着实际的困扰阅读，越能感受到极简沟通的魅力。如果你没有具体的困扰，也可以设想一个艰难复杂的沟通场景，想象自己在这个场景中可能遇到的挑战。

最后，我想在这里表达真挚的感激之情。极简沟通的创立和发展，并非一帆风顺，也不是靠我一个人的独自努力，而是集合了很多人的力量。在此特别感谢每个阶段都为我提供支持的事业合伙人钱小琴、胡利华、同小宁和魏海斌，没有他们的信任和支持，也就没有极简沟通当前取得的成绩。也感谢为了完成这本书的出版，付出了很多努力的袁玥玮女士和各位编辑，正是他们的努力让大家看到了这本书。还需要感谢极简沟通认证专家、极简沟通社区成员，以及沟通实验室线下工作坊的每位参与者，他们让极简沟通变得更有生命力。

虽然我希望带给大家更好的作品，但书中也难免存在错误和不足之处，欢迎大家通过极简沟通的官方网站、极简沟通公众号等自媒体平台，向我提供反馈和建议。

2024 年 6 月 22 日 于深圳

目录

第一章

成为沟通高手的秘密　001

成为沟通高手，你会得到什么　003
为什么要创立极简沟通　007
极简沟通，如何帮你成为沟通高手　012
聚焦五种艰难复杂的沟通场景　016
关注三个影响沟通的关键因素　020
提供三个模块化的工具模型　024
极简沟通的知行合一之路　031

本章小结　035

第二章

如何让沟通赢在起点　037

沟通为什么要以信念为起点　039
不易被发现的陷阱式信念　043
极简沟通核心原则　048
平衡原则，我们都是重要的　052

路径原则，我相信沟通是更好的选项　　　058
主体原则，我对自己的情绪负责　　　　063
权益原则，我尊重你的选择　　　　　　069
如何用核心原则应对艰难复杂的沟通场景　075
影响核心原则应用的四种误解　　　　　079

本章小结　　　　　　　　　　　　　　082

第三章

如何创造好的沟通过程　　　083

为什么很多沟通没效果　　　　　　　　085
关注沟通对象到底该关注什么　　　　　089
极简沟通状态象限　　　　　　　　　　093
破坏型，唯一要远离的沟通状态　　　　099
友好型，为什么问题总难以解决　　　　105
风险型，为什么你总被他人反对　　　　111
理想型，要努力创造的沟通状态　　　　118
如何才能获得理想型沟通状态　　　　　125
如何用状态象限简化艰难复杂的沟通　　132
影响状态象限应用的五种误解　　　　　136

本章小结　　　　　　　　　　　　　　140

第四章

如何实现你的沟通目标　　141

关于沟通目标，我们需要知道些什么　　143
沟通目标到底该如何实现　　149
极简沟通目标模型　　153
影响类目标，如何促使他人改变　　159
连接类目标，如何让彼此的心靠近　　168
协作类目标，如何与他人共同搞定一件事　　177
组合目标，如何用沟通实现多种需求　　185
应用极简沟通目标模型的四个步骤　　191
如何用目标模型应对艰难复杂的沟通　　195
干扰目标模型应用的五种误解　　199

本章小结　　203

第五章

如何实现对极简沟通的知行合一　　205

习惯性模式与注意力模式　　207
沟通能力到底该怎么提升　　211
极简沟通ACE系统　　215
ACE系统怎样整合"三剑客"工具　　219
用ACE系统刻意练习的六个步骤　　223

| 忘掉 ACE 系统，拥抱全新的可能 | 229 |

本章小结 233

第六章 做自己和他人的沟通教练 235

假如沟通中遭遇强烈的负向情绪	237
假如沟通中彼此的立场对立	242
假如沟通中双方认知差异大	247
假如沟通中遭遇他人的排斥	252
假如沟通中自己处于劣势地位	257
如何成为他人的沟通教练	262

本章小结 265

附录一　极简沟通的 12 点精要	266
附录二　状态象限创造者画像	271
附录三　参考文献	278
后记　读完这本书你发生了哪些改变	282

第一章　成为沟通高手的秘密

沟通这件事太平常了，它像空气一样存在，不易被察觉，但却是维持人际关系和社会运转的基石。如果曾经思考过它的价值，就会发现它既影响着我们的幸福，也造就了我们的每一次成功。

沟通能力的修炼，是每个人一生的功课。那些让自己生活幸福、事业成功的人，几乎每个都是沟通的高手。他们用沟通构建生命中的重要关系，用沟通对抗不可避免的冲突，用沟通提升价值创造能力，用沟通突破生活和职场困境。极简沟通是一门创新的沟通学问，希望可以帮你在修炼沟通能力的道路上，避开陷阱、突破阻力；在不确定的沟通场景里，得到更多具备确定性的沟通结果。

极简沟通的创立基于减法思维和第一性原理，它只聚焦五种艰难复杂的沟通场景，只关注三个影响沟通的关键因素，只提供三个模块化的工具模型。掌握这些工具，你就可以将艰难复杂的沟通化繁为简，在家庭里拥有更幸福的亲密关系和亲子关系，在职场中获得更强的竞争力和领导力。心中有全局视野的人，不会在细节中迷失自己。在你准备踏上极简沟通这片"土地"，开启全新的探索之前，本章将为你提供一个全局视野，带你快速认识极简沟通。

成为沟通高手，你会得到什么

没有人的沟通能力是零基础，即便是年龄只有几岁的孩子，也具备一定的沟通能力。我们从小到大的成长本身，就包含了沟通能力的提升，一个人即便不主动学习，也能应对现实中的大部分沟通场景。当然，有时候我们也会遭遇沟通的挑战，然而成功的沟通不只取决于我们自己，如果对方的沟通能力强，那么双方仍有可能会实现有效沟通，得到彼此满意的沟通结果。

基于前面提到的这些原因，一些人会觉得自己完全不需要提升沟通能力。哪怕生活和工作中存在大量沟通障碍，他们也会认为这都是别人的问题。把沟通不畅的原因完全推到他人身上，的确非常有诱惑力，因为这可能会让我们自我感觉良好，但这么做却会让我们失去更多。

面对和家人的冲突，如果我们有更强的沟通能力，就能消除误解和偏见，减少因爱而产生的伤害；工作出现问题的时候，如果我们有更强的沟通能力，就可以汇聚众人的智慧，一起解决眼前的难题；资源匮乏的时候，如果我们有更强的沟通能力，就更容易与他人建立信任，得到更多人的支持。听我这么说，你可能会觉得这很难，甚至认为只有沟通高手才能做到这些，但其实不是。我过去这些年的探索，以及写作这本书的使命，就是为了帮助你成为一个沟通高手。

◎ 拥有不确定中的确定性

要给沟通高手一个让所有人满意的定义，并不容易。每个人面临的沟通挑战不同，大家眼里的沟通高手也不一样。比如有的人因为表达观点过于直接，常常言语冒犯到他人，他们可能会认为"沟通高手是能照顾到别人感受的人"。相反，那些在倾听时难以捕捉到别人言外之意的人，则可能将沟通高手定义为"善于洞察别人的需求的人"。你看，千百个人的心中，似乎有千百个沟通高手的形象。抛开这些具体的表现，我发现沟通高手的共同之处在于：他们拥有在不确定的沟通场景里，得到确定性沟通结果的能力。

任何沟通都是独一无二的，每场对话都存在不确定性。我们之所以觉得某个人是沟通高手，显然不是因为他单次的表现，而是他能在不同的场景里，面对不同的沟通对象，都能创造出卓有成效的沟通。即使遭遇艰难复杂的沟通场景，他们也能妥善应对，甚至可以将其化繁为简。面对别人无法沟通的人，他们能与其展开有效对话。

当然，这并不是说沟通高手能让每场对话都取得成功，他们拥有的只是更高的成功概率。他们得到的那些理想沟通结果，也可能来自一场又一场的对话，是在很多次失败的对话中，逐渐达成的共识。此刻在我描述沟通高手的时候，你可能会觉得这是在说别人，其实他也可以是未来的你自己。

◎ 成为沟通高手的第一步

对于沟通高手，我们可能会花许多时间谈论他们所拥有的能力，但会经常忽视他们对沟通价值的笃定。事实上，沟通高手因为他们的能力而被肯定，更因为他们对沟通价值的笃定而被成就。能够做到表达清晰、同理心强、善于处理冲突，总是能将艰难复杂的沟通化繁为简……这些技能并不是天生的，而是长期学习和训练的结果。因此，成为沟通高手的第一步就是培养内心对沟通价值的笃定。

你可能听过"授人以鱼，不如授人以渔"，大部分人的理解仅仅是"教别人捕鱼比送别人鱼更重要"。其实这句话还说明了另一种现实：送他人一条鱼是最容易的，因为你付出的时间和精力是最少的，但要教会他人捕鱼则非常不易，因为在教和学的过程中，老师与学生都需要投入大量时间和精力。只有笃定沟通的价值，并对发展沟通能力有强烈意愿的人，才能成为沟通高手。

◎ 发现沟通背后的真正价值

不管是个人成长，还是我们所获得的幸福和财富，都是需要时间成就的。对沟通的认知也是如此，如果没有足够的时间沉淀知识，我们的理解就可能只浮在表面。开始写这本书的时候，我已经在沟通领域探索超过了十年，既和很多人讨论过沟通的话题，也去过不同的企业教授沟通的方法，还通过短视频和直播分享过关于沟通的思考。在这一系列的过程中我经常问自己：为什么沟通能力对我们来说如此重要？其实我在不同的阶段，得到过不同的答案。但现在我越来越坚定于一个答案，那就是沟通能力是每个人都需要修炼的一种底层能力。因为它帮助我们构建人生中的重要关系，帮助我们对抗不可避免的冲突，帮助我们提升价值创造能力，也帮助我们突破生活和职场困境。

当我们谈论沟通能力为什么重要的时候，其实关注点并不在于沟通本身，而在于沟通能带给我们什么；说沟通能力重要，也并不代表沟通有多重要，而是指和我们沟通的那些人至关重要。现实中，因为缺乏沟通能力，很多人在不知不觉中破坏了和周围重要的人的关系，在工作中制造出大量内耗和冲突、错失了许多合作与创新的机会，甚至让自己深陷生活和职场困境。虽然沟通不能解决所有问题，但沟通却是解决大部分问题的基石。因此，沟通高手，一定是能发现沟通背后价值的人。

成为沟通高手，并不只是少数人的目标，也是每个普通人的追求，是我们成为更好自己的基础修炼。极简沟通，致力于在你成为沟通高手的路上，为你提供一套创新的方案。它有些与众不同，只聚焦五种艰难复杂的沟通场景，只关注三个影响沟通的关键因素，只提供三个模块化的工具模型，而不是面面俱到地兼顾所有关于沟通的因素。让沟通变得简单这件事本身并不简单，尤其是将艰难复杂的沟通化繁为简。接下来，我会带你探索极简沟通的世界，和你一起踏上沟通高手的修炼之路。

为什么要创立极简沟通

2020年4月,是极简沟通发展历程中的一个重要节点,极简沟通首次以图书的形式呈现并被大家了解。很多人以为极简沟通是在2020年创立的,其实极简沟通从一些模糊的想法,到第一次以图书的形式呈现,中间走过了将近8年的时间。我经常被人问:为什么要创立和发展极简沟通?这也是我经常问自己的一个问题。很多人以为是因为想明白了,才会去做一件事,但事实往往是只有我们开始做一件事,在做事的过程中,才会逐渐理解做这件事的意义和原因。极简沟通的创立和发展也是如此。

◎ 收集"宝石"的经历

极简沟通的创立,最早开始于2012年。当时我是沟通课讲师,会到企事业单位讲课,也会为个人提供一些沟通教练的服务。那个阶段的我为了让自己在沟通领域持续精进,迷恋于收集各种沟通方法和技巧,并喜欢用思维导图软件对收集到的内容进行分类和整理,也经常会向别人展示我庞大的思维导图。

记得有次我跟朋友开玩笑,说我收集到的这些沟通方法和技巧,就是我的"宝石",等收集到足够多的"宝石"之后,我就会成为一个沟通专家。但后来当我真的准备把这些碎片化的内容,变成一份完整的文字材料的时候,我被眼前的数量惊讶到了,它们竟然超过了12万字。虽然我希望自己的"宝石"越多越好,但当这些沟通方法和技巧远超于我能消化的范围之后，我便开始反思这件事的意义。

我们真的需要大量的沟通方法和技巧吗？我能记住这么多碎片化的内容吗？即使记住了，我真的能在具体的沟通场景中使用到它们吗？这些问题让我对收集所谓的"宝石"，产生了强烈的怀疑。我不再相信单纯靠堆积方法和技巧就能成为一个沟通专家的观点。于是，我又重新踏上了对沟通领域的全新探索之旅。

◎ 很容易掉进去的"坑"

如果你的内心已经笃定了沟通的价值，拥有了成为沟通高手的强烈意愿，下一步你会怎么做呢？你可能会阅读很多关于沟通的书，或者参加许多沟通类的课程。但在学习沟通的过程中，我发现大部分人都会掉进下面三个"坑"里：内容繁多且信息过载、热衷操纵而轻视品质、锦上添花非雪中送炭。

内容繁多且信息过载 许多沟通的书和课程，试图让我们关注影响沟通的所有要素，比如表达方式、倾听方式、情绪、关系、性格、兴趣等。同时让我们区分不同沟通途径，比如社交软件、邮件、电话、面对面沟通等。还建议我们应该掌握关于沟通的各种理论，比如传播理论、人际交往理论、非语言沟通理论等。虽然这些信息都有价值，但其理论的广度和深度，对普通人而言不但内容繁多，而且信息过载，这容易导致我们在学习的过程中力不从心，迷失其中。

热衷操纵而轻视品质 一些人想要避开内容繁多和信息过载的问题，但又步入了另一个极端，开始追求能实现操纵别人的某些精妙话术。比如分析人性中的弱点，琢磨见什么人要说什么话，渴望通过掌握某些"语言密码"，让他人完全听自己的。这种方式非常急功近利，既忽视了沟通是两个人的实时互动，也忽视了沟通的成功实际依赖于人性的美好品质，比如真诚、尊重、共情等。

锦上添花非雪中送炭　很多人都有这样的困惑，"读了好多沟通的书，也上了不少课，平常和别人聊起来好像知道的东西很多，但面对沟通的困境却仍然不知所措"。学习沟通的过程中，我们很容易被大量锦上添花的小技巧所吸引，而忽视了真正的焦点——如何应对艰难复杂的沟通。任何学习都需要投入时间和精力，我们必须明确自己要学什么，集中精力在雪中送炭的部分，而非锦上添花。

在提到极简沟通的创立时，我经常会分享前面的这些发现。其中一个主要的原因是，这些发现让我对创立一门全新的沟通学问，有了更多的期待和动力。也正是它们让我在过去的十多年里，从零开始逐渐发展出了极简沟通。当然，仅仅有这些发现是不够的，现在回顾整个历程，对我影响最大的是极简主义背后的减法思维及第一性原理。

◎ 极简主义带给我的启示

收集"宝石"的经历，让我不再迷恋于获取更多的沟通方法和技巧。而发现沟通学习中的三个"坑"，让我不断思考有没有更好的学习方案。这些经历和发现，让我逐渐靠近极简主义，拥抱减法思维，相信少即是多；也开始让我更深刻地理解了一个道理：我们的精力是稀缺的，而简单往往更能制胜。

精力稀缺　我们的精力是稀缺的，这或许是众所周知的，但也是人们最容易忽视的事实。我们总是用有限的精力，去追求更多并不重要的东西。就像美国作家汤姆·罗宾斯所说的，当你占有物品的时候，你也同时被物品占有。

简单制胜　我曾认为简单的解决方案竞争力不足，只有复杂的方案才是好的，因为它们无法被轻易复制而且显得"更专业"。但现在我却改变了想法，因为无论是工具还是解决方案，复杂度越高门槛就越高，不但难以让人掌握，而且在执行过程中也更容易出现问题。即使有少数人掌握了它们，也往往会因操作复杂而将它们扔到一边。

精力稀缺和简单制胜，让我彻底学会拥抱减法思维。现实中，几乎每个人都具备加法思维，因为我们天然地热衷于增加，渴望丰富和全面。而大部分人不具备减法思维，因为我们讨厌减少，会将其看作损失，于是总在尽力避免一切减少。其实增加和减少是相对的，每一次增加的背后都意味着某些方面的减少，比如如果你花了大量时间在社交上，那么你做其他事情的时间自然就减少了。

◎ 基于第一性原理的创新

除了减法思维，极简沟通的创立也得益于第一性原理。在分析和解决问题的时候，我们往往会依赖于经验或已有的知识，它们的确能帮我们快速做出判断，采取可能正确的行动。久而久之，能力强弱被我们等同于是否拥有更多的经验和知识。但经验有很强的局限性，知识也会因为没有及时更新而过时。

第一性原理是完全不同的逻辑，它要求我们从最基础的事实（原则）开始，不依赖过去的经验和知识，而是直接关注问题本身的基本构成，最后逐步构建全新的观点（解决方案）。这么说，可能理解起来比较抽象。在思考如何成为沟通高手的问题时，第一性原理让我第一次意识到：没有人的沟通能力是零基础，即便年龄只有几岁的孩子，也具备一定的沟通能力。那么，提升沟通能力的本质是什么？我认为它的存在绝不是为了应对一些简单的沟通场景，而是为了应对那些艰难复杂而又重要的沟通场景。

正是基于前面的这些思考，我才将极简沟通的使命确定为，让艰难复杂的沟通化繁为简。那么具体该怎么做呢？首先，我想声明的是，极简沟通并不是根据场景和对象的差异，来为你提供大量沟通方法和技巧，而是回归到沟通本身，从众多影响沟通的因素中选择三个关键因素，并基于这些因素发展出三个模块化的工具模型。这些工具模型，也是我们学习极简沟通的重要内容。

为什么要创立和发展极简沟通？关于这一点，我并没有给你一个标准答案，而是从我收集"宝石"的经历讲起，和你分享了我发现的三个"坑"，提到了极简主义带给我的启发，以及第一性原理带来的创新。这些分享，都指向一个方向：极简沟通希望能帮助更多人成为沟通高手，突破常见沟通解决方案的困境，用最少的工具，应对最艰难复杂的沟通场景。

前面的简述看起来很简单，但事实上极简沟通从零到一，并非一帆风顺，而是在走走停停中完成的。在这个过程中，我有幸得到了很多人的支持与帮助。比如我的合伙人钱钱老师，我们一起带领沟通实验室的团队，在深圳组织了大量关于极简沟通的线下沙龙活动，这让我得到了很多的应用反馈。虽然极简沟通经过这些年的发展越来越成熟了，但我明白，这只是一个起点。这套理论在未来将会持续升级迭代，也希望更多的读者跟我一起，让极简沟通变得更强大。

极简沟通，如何帮你成为沟通高手

如果说做加法是一个人的本能，那么做减法则需要我们进行更多的修炼。因为减法思维意味着我们必须放弃一些事物，从而确保精力能投入到少数关键的事物中。在探索沟通的路上，当我不再迷恋于大量沟通方法和技巧的时候，就等于是完成了一次重要的蜕变。而第一性原理帮我实现了第二次蜕变，让我跳出了已有经验和知识的束缚，得到了极简沟通这个更有创造力的方案。

如果把沟通的难度分为10个等级，超级简单是0级，而特别艰难为9级，你觉得与人沟通的难度是几级呢？你想到的这个数字可以很好地反映你对自己沟通能力的自信程度。数字越小说明你面对未知的沟通更有信心。即便如此，没有人可以保证在每一次的沟通中，都能得到满意的沟通结果。而极简沟通希望让你获得一种基于能力的自信，让你可以在不确定的沟通场景里，拥有得到确定性沟通结果的能力。那么极简沟通到底是什么样的呢？接下来，我会带你认识它的三个与众不同之处：重要焦点、关键因素和工具模型。

◎ **重要焦点：艰难复杂的沟通场景**

很多人认为，一件事只要坚持得足够久，自然就能做得好。但事实却并非如此，如果你只是低水平地重复，没有改进的意图或动机，哪怕花费更多的时间也并不等于就能在这件事上做得更好。成长不只需要时间，还需要目标、反思和不断的自我突破。只有走出舒适区，去做那些充满挑战的事，我们才能真正获得成长。就像每个人每天都会经历很多的沟通，但这并不意味着我们会自动成为沟通高手。

为了帮助你成为沟通高手，极简沟通向你展示的第一个与众不同之处就是重要焦点，具体而言就是聚焦艰难复杂的沟通场景。前面我提到过，当我们想要提升自己的沟通能力时，并不需要大量锦上添花的小技巧，而且实际上我们的目的是让自己能轻松应对少数艰难复杂而又重要的沟通场景。比如当沟通中出现强烈的负向情绪，或沟通中彼此的立场对立时，我们知道该如何用沟通解决问题。

你可能会问：为什么聚焦艰难复杂的沟通场景，就能让我们成为沟通高手呢？其实答案很简单，因为艰难复杂的沟通本身就充满了挑战性，以它为焦点可以让我们掌握沟通中真正重要的东西。一个人能将艰难复杂的沟通化繁为简，就意味着他具备了一种向下兼容的沟通能力，可以在更多的沟通场景中得到理想的沟通结果。

◎ 关键因素：沟通信念、对象和需求

沟通的情境多种多样，沟通的对象也各不相同，要解决的问题也千差万别。如果要盘点影响沟通的所有因素，你会发现不但数量多，而且还特别复杂。比如双方的情绪、关系状态、认知差异、性格特点、兴趣爱好、性别等都可能会影响沟通的成败。甚至有研究者发现，两个人在出现分歧时所坐的位置，也会影响沟通的结果：相比于并肩而坐的两个人，面对面坐的两个人更有可能剑拔弩张，让冲突升级。

为了帮你成为沟通高手，极简沟通向你展示的第二个与众不同之处在于只关注关键因素，也就是三个影响沟通成败的因素，它们分别是沟通信念、对象、需求。这并不是说其他因素完全不重要，而是我

们的时间和精力有限，无法做到面面俱到，因此只聚焦于重点的因素。你或许听过80/20法则，意思是80％的结果往往是由20％的原因决定的，比如销售团队80％的业绩可能由20％的团队成员创造。在极简沟通里，我们把前面的这三个因素确定为少数关键因素。

这里的沟通信念，指的是你在沟通中对一些事情的看法。很多人以为沟通开始于两个人的对话，事实上它始于你头脑里的一些想法。比如有的人还没开始沟通，头脑里就充满了先入为主的偏见，这必然会导致沟通的失败。沟通对象，指的是你在表达和互动的过程中，能关注沟通对象的情绪感受，以及对方所认知到的价值意义。对方的情绪感受决定了他回应你的方式，而对方认知到的价值意义，决定了他投入的资源的多少。沟通需求，指的是你想通过沟通得到什么，它指引着你选择合适的沟通方式。大部分人所遇到的沟通困境，并不是既定的沟通目标无法现实，而是选用了错误的方式去追求他们想要的沟通结果。

◎ 工具模型：极简沟通"三剑客"工具

我们的生活和工作被各种工具所包围。我们出门带的手机是通信工具，开的车或乘坐的地铁是交通工具，手里拿的伞是工具，办公室桌子上的电脑、水杯都是工具。工具不但提升了我们的能力，还极大地提高了我们做事的效率。在我们和他人沟通的时候，我们也会用到很多工具。比如邮件和社交软件让我们实现远程沟通，会议室的白板让我们更好地表达创意。

极简沟通帮你成为沟通高手的秘诀在于，它将为你提供三个工具模型，即极简沟通"三剑客"工具。它们并不是实物工具，而是帮助你将艰难复杂的沟通化繁为简的三个思维模型。在面对艰难复杂的沟通场景时，如果能远离一些常见的陷阱式信念，就可以让沟通赢在起点；如果能以沟通对象为中心，就有可能创造出理想的沟通过程；如果能明确自己的沟通需求，就能避开各种干扰，洞悉当前沟通的本质，并使用更恰当的路径实现沟通目标。

极简沟通"三剑客"工具，是极简沟通核心原则、极简沟通状态象限和极简沟通目标模型的统称，也是这本书的主角。核心原则对应沟通信念，它是本书第二章的内容。状态象限对应沟通对象，它是本书第三章的内容。目标模型对应沟通需求，我们会在本书的第四章进行详细学习。

之前你可能会好奇，极简沟通到底如何帮你成为沟通高手？我相信当你了解它的秘诀后会有更全面的感受。极简沟通聚焦艰难复杂的沟通场景，只关注少数关键因素，只提供三个模块化的工具模型。从这个角度看，极简沟通并不是已有方法或技巧的简单集合，而是基于减法思维和第一性原理的创新方案。在很多线下活动中，许多人觉得极简沟通是一门全新的沟通学问，和他们以往见过的沟通理论都不一样。不过，这并不代表极简沟通在刻意追求不同，它只是能更好地帮助你成为沟通高手，用沟通在生活和职场中创造出更多美好。

聚焦五种艰难复杂的沟通场景

我们从出生开始，就在修炼自己的沟通能力，只是很多人没有意识到这一点。刚来到这个世界时，我们虽然对一切非常陌生，但会用本能的方式表达自己，同时也会观察他人的反应。后来我们一天天成长，知识也在积累，沟通能力开始变得越来越强，直到我们能应对现实中的大部分沟通场景。

我遇到过很多人，他们总是给自己贴标签，说自己完全不懂沟通，或者认为自己的沟通能力特别差。虽然他们的沟通能力的确需要提升，但不可否认他们经历的大部分沟通依然是有效的，至少他们的沟通能力是及格的。所以，修炼沟通能力的起点，绝不是盲目地自我否定，而是能准确认识自己的能力，然后把精力放在培养对艰难复杂沟通的"免疫力"和"修复力"上。所谓的"免疫力"是指你不会让沟通陷入艰难复杂的境地，而"修复力"是指如果你陷入了艰难复杂的沟通困境，就能快速解决问题，进行更有效的沟通。

极简沟通的使命，致力于将艰难复杂的沟通化繁为简。不过很多人可能会觉得"艰难复杂"这四个字非常主观，毕竟每个人对"艰难复杂"的感受不一样，你认为艰难复杂的沟通，别人可能并不觉得难。为了让"艰难复杂"这个主观描述变得具体化，在极简沟通的发展中，我和团队伙伴组织过上百场活动，也与很多人进行过大量对话。最终，我们提炼出了五种具体的艰难复杂的沟通场景。

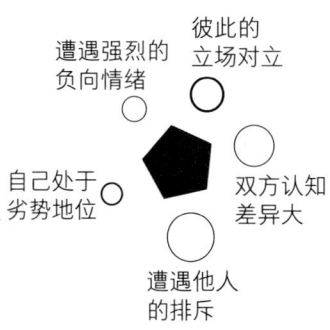

五种艰难复杂的沟通场景

◎ 场景一：遭遇强烈的负向情绪

沟通中不管是你，还是沟通对象，只要有一个人存在强烈的负向情绪，那么沟通就会变得艰难复杂起来。此刻你要特别小心，这时的沟通很可能会朝着非常糟糕的方向发展。因为在这样的情况下，理性的对话很容易被彼此的攻击和惩罚取代。你可能会提前告诫自己，在沟通中不要情绪化，但这是难以避免的。因为情绪是我们自身的一部分，在没有进行过特别修炼的情况下，我们无法时刻都做好情绪管理。即便我们管理好了自己的情绪，对方也可能会表现出情绪化，导致沟通变得艰难复杂。

◎ 场景二：彼此的立场对立

沟通中你认为的、你期望的，以及你想要的，可能和别人完全不一样。某次对话中如果双方的目标和观点较为一致，即便彼此没那么熟悉，沟通也能相对顺利。但如果彼此的目标或观点存在较大分歧，立场是完全对立的，那么你就要警惕起来。因为这时候，沟通往往会变得非常艰难复杂。现实中没有两个人的目标和观点总是一致，哪怕是和你朝夕相处的人，也有和你出现分歧的时候。这种情况下，沟通就会变得艰难复杂。

◎ 场景三：双方认知差异大

两个人的对话之所以能持续下去，一个重要的前提是彼此存在认知的交集，也就是说你知道的一些事情，对方也同样知道。因此，对话中双方所具有的相同基础认知越多，彼此也就越容易互相理解。现实中，人与人的认知差异是客观存在的，如果沟通对象和你存在很大的认知差异，对方很难理解你要表达的内容，你就会有一种鸡同鸭讲或者对牛弹琴的感觉。虽然这种情况不像前面的场景那么剑拔弩张，但会让你失去表达的耐心，沟通也会开始变得艰难而复杂。

◎ 场景四：遭遇他人的排斥

就如我们对食物的喜好一样，人与人之间的感受也存在喜欢和排斥。有时候，我们不得不与那些心存敌意、排斥我们的人进行对话，他们可能是我们的同事、上司、客户，甚至是某些家人。因为对我们的排斥，他们可能会在沟通中表现出非常糟糕的行为，比如冷漠、指责，甚至是嘲讽。或许有的人会说，为什么要和排斥自己的人沟通呢，完全可以无视他们的存在呀。但现实情况却比较复杂，任何人都不是孤立的，而是要和不同的人打交道。没有人能做到被所有人喜欢，遭遇他人排斥也是不可避免的。一旦遇到这样的场景，沟通过程就会变得艰难复杂。

◎ 场景五：自己处于劣势地位

沟通并不总是发生在身份对等的两个人之间，有时候你要和地位高出你许多的人进行对话,他们可能是你的父母、领导,或是某个领域的专家。在这样的沟通中,对方比你的身份更高,见识也更多,如果你要提出不同的看法,就会感觉到很大的压力,毕竟不是所有人都敢于挑战权威。当然,处于劣势地位并不一定是因为身份低,还可能是因为掌握的资源少,或者某种结构性优势不明显。比如你是乙方,需要跟甲方沟通解决某个合作中的问题,这个过程中对方在无形中就拥有更多选择,而你的选择则较少,一直处于比较被动的状态。

极简沟通发展沟通能力的方式,并不是让你把简单的沟通进行得更好,也不是让你学习无数锦上添花的小技巧,而是让你在面对上述所说的几种艰难复杂的沟通场景时能够游刃有余。当然,这里所说的艰难复杂有个默认的前提,就是这次沟通本身对你而言是重要的,可能是你面对的人对你非常重要,也可能是沟通的结果对你非常重要。

现实中我们面对的大多数沟通都很简单,所以你可能会觉得前面提到的这些场景很少遇见且不重要。它们出现的频率的确不高,但它们是大部分人沟通能力的天花板,一旦遇见,大部分人将不知所措。而且以上场景,经常不是单独存在的,很可能是相互叠加的,比如对方既有强烈的负向情绪,同时和你的认知差异又很大。当出现以上场景时,沟通就会像一艘船,进入了存在暗礁的海域,稍有不慎,船就可能触礁沉没。

关注三个影响沟通的关键因素

极简沟通让你成为沟通高手的关键，是让你具备应对艰难复杂沟通的能力。那具体是怎么实现的呢？首先它并不是针对前面提到的五种场景，分门别类地提供无数个解决方案，而是从众多影响沟通的因素中，选择并定义了三个关键因素，通过影响这些关键因素，将每次艰难复杂的沟通化繁为简。

这三个因素已在前面提到过，它们分别是沟通信念、对象和需求。或许你会好奇，为什么会选择这三个因素作为关键因素呢？原因就是减法思维和第一性原理。减法思维让我不再试图去关注所有影响沟通的因素，而是主动寻找其中最重要的少数因素。第一性原理让我能跳出传统的假设，告别经验主义，思考什么是沟通的本质。

通过减法思维和第一性原理，我逐渐意识到，沟通的本质是信息的有效传递和接收，而前面提到的这三个因素之所以最值得关注，是因为它们直接关系信息是否能准确传递和接收。比如你所持有的信念直接影响信息的解释和表达方式，而沟通对象的情绪感受和认知到的价值意义影响信息的接收效果，你自己的沟通需求决定了沟通的目的和策略。接下来，我们将会更详细地进行论述。

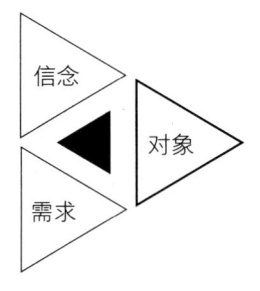

三个影响沟通的关键因素

◎ 沟通信念

这里的信念,你可以将其简单理解为大脑中存在的认知和假设,它们决定着你在沟通中会注意到什么、表达什么,以及会采取哪些行动。你持有的信念,平常并不会对外展示,也不容易被自己觉察,但却影响着你的每一次沟通。比如你要和某个同事沟通,如果你觉得工作之所以出了问题,是因为他从中作梗。那么在你们的对话一开始,你的内心就充满了怨恨,沟通结果很可能是不欢而散。

在众多影响沟通的因素中,我将个人所持有的信念,作为第一个关键因素,这本身也是一种认知和假设。个人的信念直接影响信息的解释和表达方式,也决定着我们如何面对艰难复杂的沟通场景。当然,有的人可能会提出不同的看法,这很正常,毕竟它不是真理。

如果你听过美国心理学家埃利斯的情绪 ABC 法则,那么相信你对信念的影响力,应该会有更多了解。大部分人会觉得自己的情绪结果,是由某人或某件事所导致的。但埃利斯却告诉我们,事件(activating event)并不是导致情绪结果(consequence)的直接原因,而我们对于事件的信念(belief),决定了最终的情绪结果。

◎ 沟通对象

沟通对象，就是你要与其沟通的某个具体的人。任何一次有效的沟通，都是你和沟通对象共同努力的结果。但很多人却忽视了这一点，以为沟通结果是自己单方面创造的，不仅无视沟通对象的情绪感受和认知到的价值意义，甚至还刻意带给对方糟糕的情绪感受。沟通的本质是信息的发送和接收，你不只要关注自己说了什么，更要关注对方听到了什么。沟通对象的情绪感受和价值认知，必然会影响信息的接收效果。

在任何一次沟通中，对于你认为重要的事，对方未必会有同样的认知。要想彼此达成共识，你就必须从自己的世界里走出来，去关注对方关注的事。我之前听过一个故事，说的是一位老太太想要买苹果，恰好路边有三个水果摊都在卖苹果。第一家说自己的苹果又大又甜，第二家推销自己的苹果新鲜且口感很软，第三家并未直接推销，而是先询问了老太太需要什么样的苹果。老太太最终选了第三家。原来老太太的儿媳妇怀孕了，想吃酸一点儿和脆一点儿的苹果，第三个摊主通过她的描述给她挑了最合适的苹果。

极简沟通选择和定义的第二个影响沟通的关键因素就是沟通对象。在艰难复杂的沟通场景中，我们只有主动关注沟通对象，去理解对方的需要，真正去在乎对方的关注点，觉察沟通中他们的情绪感受，了解他们所认知到的价值意义，才能创造出理想的沟通过程，才能在不确定的沟通场景中，得到更多确定性的沟通结果。

◎ 沟通需求

不管你是沟通的发起者，还是被动参与者，只要你对沟通的结果有期待，就应该主动觉察自己的沟通需求。沟通本身并不是目的，它只是帮助你实现某些需求的途径。就像一辆车，你既可以开着它漫无目的地狂奔，也可以让它载你到想去的地方。

极简沟通选择和定义的第三个影响沟通的关键因素是沟通需求，也就是你想通过沟通得到什么。你的沟通需求决定了你沟通的目的和策略，尤其在面对艰难复杂的沟通场景时，需求让你不会迷失在对话里，帮助你选择合理的沟通策略。比如小王和小李是同事，他们要共同策划一个市场推广方案，但两个人的想法不一样，在不知不觉中他们吵了起来，沟通变成了相互的攻击和谩骂。显然这样的方式，只会导致更多的问题，对工作的推进毫无价值。

很多人可能会觉得，成为沟通高手需要的只是沟通的方法和技巧，是否了解自己的需求并不重要。但事实并非如此，忽视沟通需求和目标，谈论任何沟通的方法都毫无意义。比如在亲密关系中，老公在想尽办法说服老婆，而老婆却在捍卫自己的立场，两个人剑拔弩张。那么他们此刻缺少的只是说服技巧吗？显然不是，他们需要了解自己的需求是什么，难道仅仅是说服对方吗？为了说服对方而破坏彼此的信任和关系，显然是不值得的。

影响沟通的因素非常多，但极简沟通选择和定义的三个关键因素分别是：沟通信念、对象和需求。这并不是在否定其他影响因素的存在，更不是在贬低其他因素的价值，而是基于减法思维和第一性原理的一种选择。这种选择的背后，也是基于现实的考虑。当沟通陷入艰难复杂的境地时，我们的大脑处于高速运转状态，我们的身体也开始紧绷，情绪开始弥漫在彼此的对话里，这时候更多的影响因素难以被关注，更多的工具和方法也毫无意义。

提供三个模块化的工具模型

极简沟通聚焦艰难复杂的沟通场景，虽然能为你提供雪中送炭的价值，但也意味着你将面临巨大的挑战。你可以回顾自己的经历，比如某次沟通中一方存在强烈的负向情绪、彼此的立场对立、双方的认知存在巨大差异的时候，双方是否还能进行理性而善意的对话呢？很多人告诉我，当面对艰难复杂的沟通场景时，自己完全想不起来曾经知道的方法和技巧，只会在不知不觉中表现出自己最糟的一面。

极简沟通要帮助你将艰难复杂的沟通化繁为简，所以它不只告诉你什么是关键因素，还让你能在这些方面表现得更好。极简沟通"三剑客"工具，就是为了实现这个目标而存在的。当我们说学习极简沟通的时候，往往指的就是学习这些工具模型，它们分别是：极简沟通核心原则、极简沟通状态象限，以及极简沟通目标模型。

◎ 极简沟通核心原则

极简沟通核心原则，对应于我们定义的第一个关键因素，也就是沟通信念。沟通的时候，我们很少留意自己的信念，就像我们不会注意周围的空气一样。然而，当我们持有某些偏见或不恰当的信念时，不管自己掌握了多少说话技巧，都不会对眼前的沟通有实际帮助。极简沟通核心原则，希望从根本上帮助我们突破这种困境。

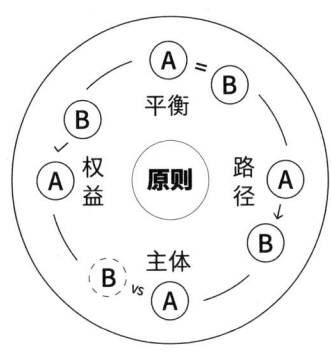

极简沟通核心原则

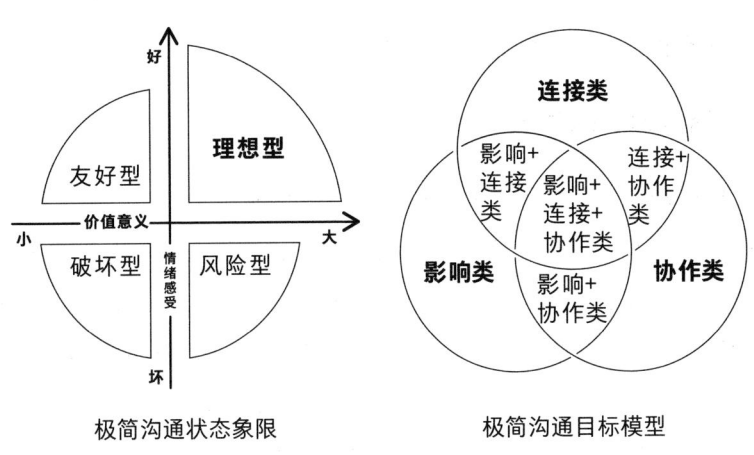

极简沟通状态象限　　　极简沟通目标模型

极简沟通"三剑客"工具

核心原则这个工具的创造,源于我对陷阱式信念的发现。现实中许多沟通问题的产生,是因为我们持有一些非理性的、对彼此沟通有害的信念,它们总是让沟通陷入困境,我将它们称为陷阱式信念。这些信念在我们的沟通中非常普遍,可能是觉得彼此不平等,不是以一种高高在上的姿态和他人对话,就是变成另一种极端——总是自我否定,不断牺牲和让步;可能是认为沟通不会有效果,总是提前放弃沟通的选项；也可能认为自己的情绪是对方带来的，在沟通中惩罚和攻击对方；还可能是觉得对方应该完全听自己的，试图把个人的想法和选择，以爱的名义强加给对方。

为了远离这四种陷阱式信念，极简沟通核心原则提供了四条具体的原则：平衡原则、路径原则、主体原则以及权益原则。背后的原理并不复杂，就像你在丛林里行走，某些地方可能存在一些陷阱，如果有人能把陷阱提前标记出来，并在上面搭块木板，你就不会掉到陷阱里。这些原则就像陷阱上的木板，若你在沟通中恪守这些原则，就自然能远离一些陷阱式信念。此刻，我不会详细讲解每条原则，更多详细的探索将会在本书的第二章展开。

◎ 极简沟通状态象限

极简沟通状态象限，对应的是沟通中的第二个关键因素，也就是沟通对象。我曾经有过这样的困惑：为什么有些人特别受人欢迎，而有些人说话却总会得罪人？有些人总能获得满意的沟通结果，而有些人却总是在对话中放大分歧，制造更多的冲突？深究这背后的原因，我发现前者总是把注意力放在沟通对象身上，而后者大多在自己的世界里。只有你的眼里有他人，你才能真正影响他人。状态象限，会帮你从自己的世界里走出来，真正关注沟通对象。

当我们说要关注沟通对象的时候，到底该关注什么呢？是关注对方的职业、性格、身份，还是关注对方的教育背景、生活习惯和兴趣爱好呢？诺贝尔经济学奖得主丹尼尔·卡尼曼在他的著作《思考，快与慢》中指出，"人类大脑中有两套系统，一套是基于本能和情绪的，另一套则是基于理性和认知的，我们的各种决定，都是系统一和系统二共同影响的结果"。状态象限的创造建立在这些发现之上，将关注点放在沟通对象的情绪感受，以及他们对价值意义的认知上面。

在极简沟通状态象限中，纵轴代表你给沟通对象带来的情绪感受的好坏，而横轴则代表你使沟通对象意识到的价值意义的大小。根据具体的情况，我们可以得到四种代表性的沟通状态：友好型、风险型、破坏型和理想型。如果你带给他人好的情绪感受，同时让他人认知到大的价值意义，那么这次的沟通状态就是右上角的理想型。状态象限是一个非常强大的工具，让你以沟通对象为中心进行对话。这里依然不会详细展开，关于它的更多探索，我会在本书第三章跟你分享。

◎ 极简沟通目标模型

极简沟通目标模型，对应于第三个关键因素，也就是沟通需求。许多人在沟通的时候，虽然认真地进行着对话，但却未曾问过自己：我希望通过这次沟通得到什么？现在的对话能帮我实现目标吗？需求和目标，是判断沟通效果的重要依据。对沟通需求和目标的忽视，可能会导致沟通过程看起来不错，双方也聊了很多话题，但沟通却没啥效果。目标模型，会帮你聚焦沟通的本质需求，让你明确自己的沟通目标类型，突破经验局限，看到目标实现的更多路径。

目标模型的创造，源于对沟通需求的深度探索。尽管每次沟通存在很大的差异，但我发现背后的需求却是相似的。沟通需求主要有三类，分别是：影响类、连接类以及协作类。如果你希望通过沟通，让他人的认知、行为、期待、决策等发生改变，那就是影响类；如果你希望通过沟通，改变自己和他人之间的关系状态，那就是连接类；如果你希望通过沟通联合他人的力量，共同改变一件事的结果，那就是协作类。

每次沟通都是独一无二的，沟通出现在各种不同的场景中，针对的对象不一，需要解决的问题各异。因此，在某次具体的沟通中，我们并非只会有一种需求，往往会存在多种需求的组合。目标模型通过对需求进行组合，确定了七种目标类型，并为每种类型提供了相应的实现路径。以上是对目标模型的简单介绍，具体内容我们将在本书的第四章里详细了解。

◎ "三剑客"工具是如何创造价值的

极简沟通聚焦五种艰难复杂的沟通场景，关注影响沟通的三个关键因素，提供了三个模块化的工具模型。这三个工具模型既存在明显的差异，也有相似的部分。差异主要体现在：核心原则关注你所持有的信念，在沟通前（或过程中）帮助你调整心态、远离常见陷阱式信念，是一个沟通姿态的自我校准工具；状态象限关注你的沟通对象，觉察你带给对方的情绪感受和对方认识到的价值意义，是一个沟通过程的实时分析工具；目标模型关注你的沟通需求，帮助你设定并实现自己的沟通目标，是一个沟通结果的目标导向工具。

除了前面提到的这些差异，极简沟通"三剑客"工具在创造价值上，则存在相似之处，它们都会通过提醒、激励、定位和指导的途径，帮助你将艰难复杂的沟通化繁为简。

"三剑客"工具创造价值的途径

提醒 所谓提醒，就是使你留意到一些关键信息。在日常生活中，你能否想到一些发挥提醒功能的工具呢？有的人说闹钟，它提醒我们按时起床；有的人可能会说汽车上的仪表盘，它让我们知道车辆的一些信息。极简沟通"三剑客"工具，也能发挥提醒的作用。核心原则，提醒你在沟通的过程中时刻检查自己的信念，避免被陷阱式信念干扰。状态象限，提醒你在对话中关注沟通对象的情绪感受和认知的价值意义，避免进行一厢情愿的表达。目标模型，提醒你在沟通中明确自己的需求，知道自己为什么沟通，防止向错误的方向狂奔。

激励 所谓激励，就是让你拥有某种行动或表达的动力。每个参加奥运会的运动员都想拿到金牌，金牌对运动员来说就是一种激励。当然，激励的动力未必都源于你想要什么，也可能源于某种危险的反向"激励"。极简沟通"三剑客"工具，在沟通过程中也会展现出激励的价值。核心原则让你持有积极恰当的信念，从而远离四种陷阱式信念。状态象限让你愿意主动避开破坏型沟通状态，努力带给他人好的情绪感受，以及让对方认知到更大的价值意义。目标模型让你看见自己的需求，选择能实现自己需求的策略，避免自己的目标被干扰。

定位 所谓定位，就是帮你明确自己所处的位置，了解现状。你和朋友在假期去一个陌生的地方玩，要如何才能知道自己在哪里呢？你可能会说这很简单，打开手机上的导航软件就能看到当前的定位了。极简沟通"三剑客"工具能实现定位的功能。核心原则通过一个原则清单，帮助你排查自己是否持有陷阱式信念。状态象限让你站在沟通对象的角度，分辨沟通处在怎样的状态。目标模型让你超越具体的细节，洞悉当前沟通的本质。

指导 所谓指导，就是为你提供达成目标的建议和流程。如果你想开车去某个地方，显然仅知道自己在哪里还不够，你还需要有个路线图,明确自己应该走哪条路,走错了该如何调整,等等。极简沟通"三剑客"工具可以通过指导的方式创造价值。在你发现自己的陷阱式信念后,核心原则会告诉你应该坚守哪条原则,如何做出调整。当某次沟通处于破坏型或风险型状态后,状态象限会指导你如何创造理想型状态。在沟通陷入迷局的时候,目标模型能帮你在明确自己的沟通需求后,告诉你可以使用哪些路径实现当前的沟通目标。

看完我对核心原则、状态象限和目标模型的介绍,你可能会误以为必须全部掌握所有工具,才能将艰难复杂的沟通化繁为简。其实,极简沟通"三剑客"工具的特别之处,就在于这些工具是模块化的设计,也就是说既可以单独学一个,也可以掌握全部;既可以独立使用,也可以相互组合使用。不管是哪一个工具,你都可以通过提醒、激励、定位和指导,将它应用于具体的沟通中。学习极简沟通的过程,本质是通过"三剑客"工具,修炼自己沟通能力的过程。

极简沟通的知行合一之路

知道极简沟通"三剑客"工具是什么,并不等于你立即就能成为沟通高手。要想在不确定的沟通场景里,得到确定性的沟通结果,你不但要知道"三剑客"工具,还要懂得应用这些工具。过去几年,我发现人们在培养沟通能力的过程中,面临的最大障碍就是难以做到知行合一。因此,极简沟通并没有止步于提供工具,而是计划让"三剑客"工具,成为你沟通习惯的一部分。

◎ 做到知行合一是真正的挑战

你可能听很多人提过知行合一,虽然理解知行合一的道理很简单,但要真正做到知行合一非常不容易。为什么会这样呢?在我看来有这么几个原因。首先,我们的认知和行为之间存在一道天然的鸿沟;其次,沟通中可能存在大量未知的阻力;最后,还可能是没有将行为变成习惯。

听别人讲一个道理,你可能会瞬间顿悟,思维认知快速升级,但能力的提升却需要一个漫长的练习过程。而且这个过程只能被加速,永远不能被替代。举个例子,即使你的面前是一位钢琴大师,他也没办法让你瞬间就从钢琴小白变成能熟练演奏钢琴的人。

关于沟通中存在的未知阻力,其实也不难理解。我们只有在真实沟通的过程中,才能知道具体会遇到什么问题。没有沟通之前,你无法了解沟通中可能面临的全部阻力。有时候你会觉得某次沟通很简单,但实际情况却不是这样,对话一开始可能就失控了,或许是因为你被对方激怒了,或许是两个人认知差异巨大,彼此难以完全相互理解。

要实现知行合一,最简单的方式是让行为变成习惯。比如你偶尔在沟通时做到了换位思考,并不代表你可以在不同情境中都做到,只有换位思考成为你的习惯性反应,才意味着你能轻松做到这件事。沟通是两个人的实时互动,没有剧本也没有彩排,一切都依靠你的即时反应。因此,不管是对于核心原则,还是对于状态象限或目标模型,真正的学习终点是让它们成为自己的即时反应。

◎ 极简沟通ACE系统

你可能会问,那如何才能让应用"三剑客"工具成为即时反应呢?为了突破前面做到知行合一的这些挑战,极简沟通除了"三剑客"工具之外,还有另一个重要构成:极简沟通ACE系统。它的核心作用就是帮你在不同的沟通场景里应用"三剑客"工具,并通过刻意练习,实现对"三剑客"工具的知行合一。

在极简沟通ACE系统中,ACE这三个字母分别是评估(assess)、选择(choose)和创建(establish)三个英文单词的首字母(大写),它们分别代表着我们在沟通过程中需要完成的三项关键任务。评估指的是,通过"三剑客"工具,在沟通中获取更多信息。选择指的是,利用"三剑客"工具,在沟通中做出正确的决策。创建指的是,通过"三剑客"工具,进行有效的表达或行动,从而得到我们期待的结果。

极简沟通ACE系统

当你在任何一次沟通中,执行评估、选择和创建这些任务的时候,就等于开启了对"三剑客"工具的刻意练习,以促使它们成为自己沟通习惯的一部分。如果说"三剑客"工具存在的意义,是帮你在沟通信念、对象和需求三个方面做得更好,那么ACE系统就是让你真正拥有"三剑客"工具,而不是仅仅知道它们。从这个角度看,ACE系统是依赖"三剑客"工具而存在的。

◎ ACE系统凭什么能帮助实现知行合一

认识ACE系统之后,我们还需要讨论一个关键问题:ACE系统凭什么能帮助实现对极简沟通的知行合一?答案其实很简单。一个人能力的提升,并不源于某个突然的灵感,而是通过行动获取大量现实反馈后的自然结果。沟通普遍存在于我们的生活和职场里,关于沟通能力的训练,不应该在一个特别场合,而应该在每一次沟通中。ACE系统是"三剑客"工具和沟通场景之间的桥梁,它能将"三剑客"工具真正带入你的实际沟通中,让你有意识地运用这些工具,最终实现知行合一。

极简沟通"三剑客"工具虽然强大,但不会让你直接成为沟通高手，你必须让它们成为你沟通习惯的一部分。因此，对知行合一的关注，是极简沟通与众不同的地方之一。极简沟通将为你提供工具，但又不让你迷失在工具里，始终聚焦对你沟通能力的培养。这样，当具备更强的沟通能力后，你才能经营好自己的亲密关系，才更有可能创造出美好的亲子关系，才能构建起卓有成效的职场关系。

前面我们对ACE系统的探讨，跟所有"三剑客"工具一样，仅仅是概述，目的是让你对极简沟通有一个全局认知。当你学习完"三剑客"工具之后，我将在本书的第五章对ACE系统进行更全面的讨论。当然，你也可以在单独掌握某个工具后，就开启ACE系统的学习和应用。

本章小结 ▶

沟通能力是一种底层能力，是我们发展其他能力的基础，也是靠近更好的自己的一场修炼。成为沟通高手不是目的，只是通往幸福和成功的路径，这意味着我们可以在无数不确定的沟通场景里，更容易得到确定性的沟通结果。

真正体现一个人沟通能力的，不是他掌握了多少锦上添花的小技巧，而是他能否有效应对艰难复杂的沟通场景。面对这些艰难复杂的沟通场景，我们学过的很多技巧并不奏效。因为艰难复杂的沟通场景中，可能充斥着大量负向情绪，可能彼此的立场对立，也可能双方的认知差异很大……此时我们的认知资源会被严重消耗，很难回忆起或应用之前学过的大量沟通技巧。为了有效提升沟通能力、有效应对艰难复杂的沟通场景，最佳的策略是：减少关注点，聚焦少数关键变量，学习和掌握少量但有效的工具，做到对其知行合一，以便做出快速且正确的反应。极简沟通建立在前面这些基础认知之上，得益于减法思维和第一性原理，聚焦少数关键因素，提供极简沟通"三剑客"工具，并通过 ACE 系统让你实现对工具的知行合一。

虽然此刻你对极简沟通的认识仅源自一些概述，但这却是一个完美的起点。这一章所有的内容，目的是让你在获得更多细节之前，心中拥有极简沟通的完整框架。之所以如此设计，是因为我相信拥有全局视角的人，更有可能同时看到树木与森林。如果你已经准备好了，那么在接下来的章节，我将带领你深入极简沟通的世界，去发掘其中的宝藏。

第二章 如何让沟通赢在起点

很多人以为表达是沟通的起点，其实并非如此。你在表达某个观点之前，头脑中必然存在相应的认知。现实的沟通中，大多数人过分关注表达的方式，却忽视了自己在表达之前所持有的信念。就像透过窗户的玻璃看向外面，你会花费很多时间观察外面的世界，却忽略了窗户本身。

如果你从未留意过信念对沟通的影响，那么接下来的探索，一定会让你大吃一惊。我们的表达方式、倾听方式，甚至沟通中采取的行动，都建立在一些主观的看法之上，比如我们可能会对某件事情感到愤怒，但愤怒的理由未必是事实，很有可能只是误解。现在我们将探索极简沟通核心原则，它是极简沟通"三剑客"工具中的第一个工具，能让你在沟通之前觉察和调整自己的信念，让你在沟通中赢在起点。

沟通为什么要以信念为起点

前面我用窗户和玻璃举例子,说明了我们对信念的忽视。我之所以要让你注意到沟通中的信念,是因为你所持有的信念,创造着你的世界。那么信念究竟是什么?它们是如何产生及如何影响沟通的呢?

◎ 什么是信念

在心理学的定义中,信念是个体对于某一事物或情境持有的一种看法或判断,它代表了个体对世界的理解和诠释,指导着人们的行为、决策和社会互动。信念具有很强的主观性,既可以基于个人的经验和知识,也可能仅源于个人的情感和直觉。

关于信念,我自己经历过两个不同的认知阶段。最初我对这个词的理解比较模糊,如在某些故事中,主角凭借坚定的意志和信仰取得了胜利,我会觉得这就是信念;后来,当我学习了美国心理学家埃利斯的情绪ABC理论后,我对信念的理解有了一些转变。

很多人可能听过情绪ABC理论,但也有些人不了解,我先做下简单解释。情绪ABC理论中A指的是激发事件(activating event),B指的是因对A的认知和评价而产生的信念(belief),C指的是A引发的情绪和行为后果(consequence)。在大部分人的认知中,以为情绪结果C是由某个事件A引发的,其实不然,某个事件A无法直接导致情绪结果C,中间还有一个决定因素——你持有的信念B。

为了更好地理解情绪ABC理论,我们再一起看一个例子。比如面对他人的批评,如果一个人认为"我做得很糟糕",那么他一定会非常难过,信心也会受到严重打击。但如果他持有的信念是"我又学到了一些东西",那么他会把批评当成重要的反馈,内心可能充满了感激。由此可见,并不是批评本身创造了某种感受,感受也取决于当事人所持有的信念。

情绪ABC理论让我对信念有了全新的看法。以前我把信念看作是某种坚定的选择,或者是一种令人敬佩的行为。比如新闻里一位老人省吃俭用,把存下来的钱捐给社会福利机构。但现在我意识到信念仅仅指的是,我们对某事或某人持有的一种不会质疑的看法和判断。信念并非信仰,只是我们自己所相信的一种念头。

◎ 信念如何影响我们的沟通

你已经知道极简沟通所定义的关键因素,它们分别是沟通信念、对象和目标。为什么我要把它们确定为影响沟通的关键因素呢?在确定这三个关键因素之前,其实我问过很多人的看法,也会在沟通课堂中让大家讨论。我发现每个人对关键因素的理解各不相同,但在众多因素中,我们所持有的信念、沟通对象和沟通目标这三个因素总是能得到大家更多的共识。因此,这种选择本身也是信念,是我的价值判断和实践的结果。

在沟通中,每个人说的话、所采取的行动都会受到自己持有的信念的影响。比如你在说话前会先在大脑中产生一些假设或判断,这些假设或判断可能没有说出口,但影响着你接下来的行为。信念之所以具有如此强大的力量,是因为它构建了你的认知结构和模式,能帮助你快速理解和处理信息,让你对眼前的一切做出预测和解释。

我举个例子,比如你正在生伴侣的气,因为你觉得对方不在乎你，于是就开始在心里罗列一堆对方的"罪状"，结果越想越生气。但后来通过对方的解释，你发现原来很多时候是你错怪了对方，忽略了对方为你做的很多事情。于是你改变了看法，在接下来的沟通中，你的言语也开始变得柔和，不那么有攻击性了。

为了提升沟通能力，我们总是急切地学习一些说话技巧，但沟通真正的基础是如何看待眼前的现实，也就是我们所持有的信念。尤其当面对艰难复杂的沟通场景时，我们所持有的信念将决定我们是否能做出正确的行为。将信念确定为沟通的关键因素，能够让我们直面自己内心的信念和偏见，遇见问题时能真正归因于内，而不是仅仅关注外部的因素。

◎ 为什么沟通中我们总是忽视信念

你或许得到过很多沟通建议，也可能经常向他人分享自己的沟通经验。大部分人谈到沟通时，主要讨论的是如何表达或倾听，却并未意识到自己的信念会对沟通产生影响。

信念一般不会成为我们的关注点，就像我们戴着眼镜欣赏风景时，不会注意到眼镜一样。当我们与他人沟通时，注意力可能主要集中在自己的表达方式上，期望自己的言辞能精彩，能给人留下深刻印象。而当他人表达时，我们可能希望捕捉到他人言外之意，理解他人的需求，而很少去觉察自己的信念和假设，除非有意识地将注意力放在自己的信念上。

信念不是靠我们的感官去发现，而是靠自我有意识觉察。我们天生拥有敏锐的感官，比如能用眼睛观察他人和美景，能用耳朵聆听外界的声音，能用鼻子嗅到花香或面包的香味……但这些通过感官获取的信息，全都是外部的，而信念只存在于我们的头脑中。要了解自己所持有的信念，就需要我们将注意力集中在自身，需要我们进行更多的内省和理性思考。比如小李要向一位领导汇报工作。他听说这位领导脾气不好，因此见到领导后他开始变得超级紧张，时刻注意着领导的表情，猜测领导是不是要发火了，表达也变得磕磕绊绊。你看，他花了许多精力获取外部的信息，却从来没有质疑"领导脾气不好"这个信念是否准确，从而也就发现不了这样的信念会导致自己在沟通上出现问题。

◎ 信念如何让沟通赢在起点

当你在沟通中能觉察和调整自己的信念后，就掌握了更多主动权。你可能要面对咄咄逼人的沟通对象，可能要在嘈杂的环境中与某个人对话，可能要解决某个令人讨厌的问题……虽然你无法改变他人和外部环境，但信念的转变完全取决于你自己，不必依赖他人。选择持有更积极的信念，往往会引发沟通的巨大变化。

虽然我们不能保证别人始终友善，但积极的行为，会让我们拥有更大的影响力。现实中我们和他人是相互影响的，这种影响往往遵循着互惠原理。如你在沟通中的善意，会激发出对方的善意，而对方的善意也会让你拥有更多善意。同样，如果你在沟通中咄咄逼人，只考虑自己的利益，对方大概率也会言辞犀利、毫不留情。

当我们在评价某个人的时候，往往会忽视自己的行为表现。很多时候并不是因为某个人本来就好，而是我们激发了他的好。我们被他人影响着，同样也影响着他人。我们所持有的信念，创造着我们的世界。当意识到这个问题后，我们就会获得更大的主动权，不再渴求外界环境或他人，而是主动觉察和调整自己的信念，这些改变会让眼前的沟通赢在起点。

不易被发现的陷阱式信念

在解决问题时，我们很容易出现思维固化。比如当我们察觉到时间紧缺时，第一反应往往是如何加快工作进度或如何有效利用时间，而不是减少手头不重要的任务，从而让自己腾出更多时间。而在探索信念对沟通影响的过程中，我也经历了从加法思维到减法思维的转变。

◎ 我的积极信念探索之旅

在极简沟通的发展历程中，当我把信念确立为影响沟通的关键因素后，就开始思考：如何在沟通中拥有更多能带来理想沟通结果的积极信念？随后我便开启了"信念＋沟通"的探索之旅。

在这个探索中，我首先想到的积极信念是善意，即在沟通过程中相信他人行为的出发点是好的。如果你相信他人是善意的，就会从积极的角度解读他人的语言和行为，这也能促使对方释放更多的善意。后来我又想到了主动，遇到问题时只要主动沟通，就可以得到自己期待的结果。再后来我又想到了包容，也就是坚信人与人之间存在差异，但我们可以求同存异……

这场信念探索之旅在初期非常顺畅，我迅速锁定了一些有助于提升沟通效果的积极信念。比如前面说的相信他人是善意的、相信主动沟通就能解决问题、相信包容可以实现求同存异等。然而随着探索的深入，我发现了一个问题：积极信念的数量越来越多，比如守信（相信兑现承诺是重要的)、乐观（相信一切会朝着更好的方向发展)、同理心（相信被理解、被看见是重要的)、耐心（相信任何事情都需要时间来成就)、真诚（相信坦诚和真心是重要的)……

前面提到的这些积极信念，对创造有效的沟通的确有帮助，但如果要把它们全部罗列出来，并在所有沟通中都持有这些信念，我们必然会陷入加法思维的困境，而且很少有人能做到。于是我转变了想法，开始用减法思维来看待这个问题。

◎ 发现四种陷阱式信念

我有个经验，如果你暂时无法找到某个问题的准确答案，而且这个问题不马上解决也不会带来什么大的影响，那么你不妨先暂停一下，过一段时间，理想的解决方案就会自然出现。对前面提到的关于积极信念的问题，我在一次沟通教练服务中，突然得到启发；与其寻找更多的积极信念，不如避免持有少数几种陷阱式信念。因为现实中很多沟通会陷入困境，并非你没有持有积极的信念，而是持有一些问题信念所导致的。

因此，我转变了探索方向，从寻找和持有积极的信念，转变为寻找可能会导致沟通出现问题的信念。我将发现的较为普遍的问题信念归纳成四种，并命名为"陷阱式信念"。之所以这样命名，一方面是因为这些信念不容易被觉察，另一方面是因为如果你在沟通中持有这些信念，那么沟通就会变得更加困难。

第一种陷阱式信念：我重要或者你重要

"我重要或者你重要"，这是很多人在沟通中会持有的一种陷阱式信念，它往往表现出一种双重标准，让关系处于失衡状态。比如面对比自己身份地位更高的人，将其看作是更重要的人的时候，你总是倾向于妥协和让步，甚至是讨好；然而面对比自己身份地位低的人的时候，你可能会带着傲慢的态度，只关注自己的需求和想法，无意中表现得更强势或者霸道。

为什么说"我重要或者你重要"是一种陷阱式信念呢？现实世界中，人们所拥有的资源的确存在差异，重要程度的确不同，这是不争的事实，但当你跟他人对话，并持有"我重要或者你重要"的信念时，沟通就会出现问题。因为你会觉得彼此的关系是不平等的，要么忽视他人的需求，要么过于在乎他人的需求，而忽视了自己。比如一位强势的领导会觉得"我是重要的"，而唯唯诺诺的下属会觉得"对方是重要的"，双方便难以创造一场平等的对话。

第二种陷阱式信念：沟通是没用的

并不是每个正在沟通的人，都相信沟通的价值。有的人一边沟通，一边怀疑着沟通的意义。"沟通是没用的"这种信念，会让你在沟通中变成一个投机者。如果沟通进行得顺利，你就倾向于通过沟通解决问题，但如果沟通遇到困难，你就会早早放弃沟通。沟通不可能永远顺利，一定有艰难的时刻，原因可能是对方没有给出你所期待的回应，也可能是对方展现出了敌意，或者是曲解了你的想法。如果你轻易地下定论，认为与这个人"沟通是没用的"，那么你就无法真正用沟通解决问题。

有的人在沟通陷入困境时，依然能得到良好的沟通结果，并不是因为他们一开始就知道如何沟通，而是因为他们相信沟通的价值，从而逐渐找到了有效的方法。而不相信沟通价值的人，一开始就会选择以消极的心态面对沟通，当沟通真的走向更糟的方向后，他们就会更加坚定自己的判断,甚至会说,"你看,沟通是没用的吧"。这等于创造了一个自我实现的预言:面对朋友的误解,不会主动去澄清;面对抱怨的伴侣,要么忍受,要么用同样糟糕的方式回应;面对领导的不合理要求,只会委曲求全、默默忍受……在他们的世界里,沟通真的就没用了。

对于沟通本身而言,哪个时刻最需要坚持沟通呢?显然不是沟通顺利的时候,而恰恰是沟通遭遇困境的时刻。"沟通是没用的"这种信念,在你最需要坚持沟通的时候,会摧毁你坚持的动力,让你主动放弃沟通。

第三种陷阱式信念:对方要为我的情绪负责

沟通中我们有时会因为他人的语言和行为而情绪化,可能会被激怒,也可能会感到难过。此时大部分人会持有一种信念,那就是"对方要为我的情绪负责"。理由非常简单,自己之所以情绪化是因为对方的过错,对方需要为此承担后果。如果对方没有承担后果的意愿,这会让他们难以接受,开始将自己看作是受害者。为了寻求公平的感觉,他们会渴望通过攻击或惩罚的方式,让对方付出代价。

前面我们在讨论信念的时候,提到过情绪ABC理论。别人的语言和行为只是触发事件,并不能直接导致我们的情绪结果,在触发事件和情绪结果之间还有自身的信念,也就是如何看待他人的语言和行为。因此,将情绪化的责任完全归咎于对方,显然并不合理,而且要让对方为自己的情绪负责,等于是把改变自己情绪的主动权交给了别人。一个会故意激怒你的人,可能并不会在意你的情绪,更不会主动为你的情绪负责。越是期待对方为你的情绪负责,越会让你深陷情绪的泥潭。

第四种陷阱式信念：别人必须听我的

你可能遇到过一些控制欲很强的人，他们总是难以接受别人的观点或选择与他们不同，并试图将自己的观点或选择强加给别人。在他们看来自己才是唯一正确的，他们的内心往往持有一种信念，那就是"别人必须听我的"。不管是在生活中还是工作中，我们一定不喜欢这样的人，但我们有时候也会成为这样的人。

当下属跟你的想法不一样时，你可能会要求他必须服从，否则他就是在挑战自己的权威；当恋人跟你出现分歧时，你可能会不断地讲道理，直到说服对方；面对与你意见不合的陌生人，你难以接受，会试图通过辩论战胜对方……一旦在沟通中持有"别人必须听我的"信念，你将变得难以倾听他人，无法接纳他人的观点和选择，深信对方只有按照你的想法行事，才能获得最好的结果。

当我们对自己的想法非常自信时，就容易忽视一个基本事实，那就是某些事情到底谁有选择权。面对关系亲密的人，我们可能会以爱的名义强迫对方。即使对方提出反对意见，我们也依然坚持，甚至可能会说"我这么做都是为了你"。

我们所持有的信念，构建了我们的认知结构和模式，帮助我们快速理解和处理眼前的信息，并做出预测和解释。大部分信念都是有利的，如果我们在沟通中持有上述四种"陷阱式信念"，就难以发挥沟通的价值，无法让沟通创造美好，相反可能会在不知不觉中让沟通陷入困境。如果在沟通中远离四种"陷阱式信念"，就可以减少很多沟通问题，真正让当前的沟通赢在起点。

极简沟通核心原则

我们经常说发现问题等于问题解决了一半。因为你一旦开始关注某个问题,就自然会投入时间和精力,而在研究过程中往往就会找到答案。但如果你从未注意过某个问题,那么就永远不会去寻找答案。在极简沟通中,我们将信念定义为影响沟通的第一个关键因素,而具体的做法是避免持有四种陷阱式信念。那么问题就非常明确了,我们到底如何才能远离陷阱式信念呢?

◎ 如何远离陷阱式信念

关于远离陷阱式信念,我最早的方案是"发现问题,解决问题"。具体来说,就是在沟通中主动觉察自己所持有的信念,一旦发现自己持有某种陷阱式信念,就通过主动调整进行改变。怎么样?这听起来是个不错的方案吧,很多书里也会给出类似的建议。但在实际的应用中,我却遭遇了许多障碍。

沟通过程从来不是静止的,相反是动态变化的,任何沟通结果都源于两个人的即时创造。在这个过程中,我们往往需要集中注意力,以便能获取重要信息,并对它们进行处理和给予恰当回应。这也意味着,我们要在对话中及时觉察和调整自己的信念。这将会是一件充满挑战的事。虽然我们也可以通过持续训练,让自己具备更强的能力,但效果依然不好,尤其是在面对艰难复杂的沟通场景时。

究其背后的原因,"发现问题,解决问题"的方案,看似简单直接,但实质是一种"救火"模式。我们都知道,避免火灾发生的最好方式,并不是在发现火情后快速扑灭,而是事先消除火灾隐患,让火根本着不起来。同样的道理,与其持有某种陷阱式信念后再去觉察、调整它,不如让自己一开始就不持有这种陷阱式信念。基于这些思考,我提出了一个新方案:想要远离陷阱式信念,那就事先为自己设定一些原则。

◎ 原则是给自己的约束

你可能会对设定原则这个方案感到意外,似乎它与信念并没有太大的关联。我们的目标是远离四种陷阱式信念,那么原则能帮上什么忙呢?就定义而言,原则指的是说话或行事所依据的法则或标准。比如你是一个调解员,你的原则就可能是保持中立;如果你是一个官员,你的原则就可能是清廉;如果你是一位司机,你的原则就可能是安全。尽管这些原则各不相同,但它们的共同之处是对自身行为的约束。

在人类社会中,自我约束构成了文明进步的一部分。比如城市道路上,如果每辆车都想随意乱开,那么整个交通系统一定会瘫痪。于是我们发明了信号灯,并制定了交通法规。正因为有了这些约束,通行反而可以畅通无阻了。在个人成长这件事上,自我约束也是非常重要的。当我们把某些事情确定为一种原则时,它就会成为我们的底线,每当遇到某种情况,我们就会自动做出判断,而不是重新衡量利弊得失。这样做一方面让我们保存更多精力,另一方面也可以帮我们规避一些问题,让我们更快达到目的。

当然,提到原则,有的人可能会联想到规则。它们虽然比较类似,都是需要我们去遵守的一些要求,但也有不同。原则是我们给自己的约束,而规则更多的是外部对我们的一些要求。正因为原则是为自己设定的,所以我们可以设定某些原则,也可以选择什么都不做。一旦我们设定了某些原则,看似是让自己多了一些约束,但却可以避免某些问题。

◎ 什么是极简沟通核心原则

当我意识到设定原则是更好的方案后,就开始寻找四种陷阱式信念所对应的积极信念,将它们设定为沟通中的四条原则,并在沟通课程中将这些原则分享给更多人。很多人反馈这对他们提升沟通能力非常有帮助,极简沟通核心原则这个工具应运而生。核心原则共有四条,分别是四种陷阱式信念的正面表达,我将它们命名为:平衡原则、路径原则、主体原则和权益原则。

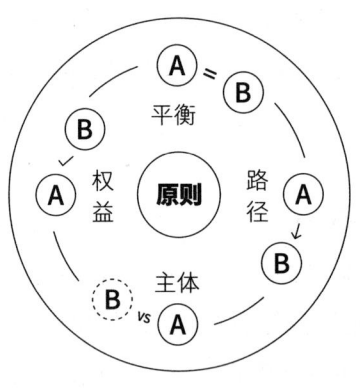

极简沟通核心原则

平衡原则对应的信念是"我们都是重要的",它能帮你远离"我重要或你重要"的陷阱式信念,做到在沟通中兼顾自己和他人,主动调整关系失衡的状态。路径原则对应的信念是"我相信沟通是更好的选项",它让你远离"沟通是没用的"陷阱式信念,不断尝试更多对话的可能性，用沟通去解决眼前的问题。主体原则对应的信念是"我对自己的情绪负责"，它让你不会持有"对方要对我的情绪负责"的陷阱式信念，明确自己是情绪的主人，主动调整自己的情绪。权益原则对应的信念是"我尊重你的选择"，它能帮你远离"别人必须听我的"陷阱式信念，明确自己和他人的边界，对差异更包容。

前面介绍这些原则时，我总说某条原则对应的信念是什么，那么原则和信念是什么关系呢？简单地说，这些原则的设定是为了让你远离陷阱式信念。具体的方式是将陷阱式信念对应的积极信念转变为四条沟通原则，只要你能在每次沟通中恪守这些原则，就可以远离前面所说的四种陷阱式信念。

核心原则是极简沟通"三剑客"工具中的第一个，它不只帮助我们在沟通中远离陷阱式信念，也为我们的自我修炼提供了一份清单。清单这种工具形式，广泛存在于每个专业领域。不管是医生还是飞行员，都在利用清单让自己出色地完成手头的工作。如果你能在每次沟通中用原则清单检查自己的信念，并努力恪守四条核心原则，那么就等于在不断强化原则对应的积极信念。当这些积极信念变成你的习惯后，你在沟通中也就不会被陷阱式信念所干扰。接下来，我将从平衡原则出发，带你探索每一条原则，确保让这些核心原则真正变成你的原则。

平衡原则,我们都是重要的

平衡原则是极简沟通核心原则之首,所对应的信念是"我们都是重要的",致力于创造一种平等的关系状态。如果你能在每次沟通中践行这条原则,就可以远离"我重要或者你重要"的陷阱式信念。但拥有平衡原则的真谛,并非仅仅知道这条原则是什么,而在于你愿意时刻践行平衡原则,并让它指导你的每次沟通。

◎ 为什么叫平衡原则

"我们都是重要的"为什么会被称作平衡原则呢?这是很多人最先好奇的一个问题。沟通发生在不同的人之间,每个沟通者都有相应的角色身份关系,比如老板和下属,父母和孩子,甲方和乙方等。沟通无法独立于这些关系而进行,相反,这些角色和身份影响着每次沟通,从而容易让人产生"我重要或者你重要"的判断,这就意味着沟通中的关系失衡。比如职场里,老板对你提出某个工作要求时,哪怕这个要求你难以做到,你可能也会硬着头皮回答"好的";而当自己的下属因为某些问题找你时,如果你发现这件事自己难以做到,就可能会毫不犹豫地表达拒绝。为什么同样是拒绝,面对老板和下属时你会有不同的倾向呢?因为关系中我们会有"我重要或者你重要"的判断。

平衡原则与对应的陷阱式信念

持有"我们都是重要的"信念,意味着我们要主动对关系现状进行调整。当我们处在弱势一方时,就很容易忽视自己的需求,关系的天平就会开始向对方倾斜。这时候我们要看到自己的价值和重要性,有意识地去调整关系的天平,使其变得平衡。相反,当我们比较强时,可能会无意识地居高临下,导致关系的天平向自己这边倾斜,这时候我们要看到他人的价值和重要性,从而保持关系的平衡。

平衡原则,可以让我们真正懂得:重要性并非权力、地位或资源,而是我们在优势中展现的谦卑,在劣势中拥有的自尊。当我们通过修炼真正做到这一点后,就会在不确定的关系中始终保持平衡,既不傲慢无礼,也不会卑躬屈膝。

◎ 如何理解平衡原则

平衡是一个结果,也是主动采取行动的过程。恪守平衡原则,意味着你能在发现失衡后主动调整,重建关系的平衡。即便你认为他人极其重要,也要发现自己的重要性;而如果你觉得自己最重要,那么也要主动发掘他人的价值。当你采取行动建立平衡的关系之后,自然就会创造出平等的对话,让沟通发挥出它本身的价值。当然,我们在践行平衡原则的过程中,也可能会有一些疑问。

问题一：失衡是现实，为什么还要去追求平衡

关于人与人关系的不平等，有的人可能会举出大量的例子。比如人们所拥有的财富各不相同，人与人之间的身份地位有高有低，每个人在工作中创造的价值也各有大小。这些人与人之间存在的不平等，可能会让你产生疑问：既然不平等和失衡是客观现实，为什么要去追求平衡呢？

人与人之间本来就存在差异，平衡原则并不否认现实中的不平等现象，但如果你想拥有好的沟通结果，就要主动调整自己的姿态。比如在一家公司里，作为身居高位的CEO，你越能降低自己的姿态，以平等的身份跟每一位同事对话，就越能得到他人提供的更多真实信息，也能获得更多人的追随。虽然关系的失衡是现实，但主动调整平衡是更好的选择。

问题二：实践平衡原则仅仅是对关系中强势一方的要求吗

既然身份地位较高的人，主动在沟通中降低自己的姿态，会获得更多的追随者和认可，那实践平衡原则是不是仅仅对关系中强势一方的要求呢？这听起来好像蛮合理的，毕竟强势的一方降低姿态，要比弱势的一方提升姿态容易得多。

答案却不是这样，因为如果实践平衡原则仅仅是对强势一方的要求，那对关系中弱势的一方来说，等于将自己的主动权完全放弃了，只能期待对方做出改变。无论你在关系中是强势的一方，还是弱势的一方，你都可以去实践平衡原则。对关系中的弱势一方来说，提高自身的对话姿态，创造平等的对话环境可能充满挑战，但同时也会带来巨大的机遇。对自己的肯定和坚持，常常也会赢得他人对你的尊重和

认同。

问题三：追求平衡会不会冒犯到他人

既然平衡原则主张我们以平等的立场和他人交流，那么在现实中，当我们遇到比自己更有实力或地位更高的人时，这样做是否会显得无礼，冒犯到对方，或者使其觉得不受尊重呢？

平衡原则的存在，让我们远离"我重要或者你重要"的陷阱式信念，在内心真正认为"我们都是重要的"。这并不等于不礼貌，也不是让我们用咄咄逼人的方式跟他人沟通。其实认可自己的价值，不一定要以贬低他人为途径。完全可以既发自肺腑地认可他人，展现出十足的尊重，同时也看到自己的价值，不进行自我否定。当你能不卑不亢地和他人对话时，你们双方将共享更多的信息，探讨更多的问题，获得更多的创意。

◎ 怎样更好地恪守平衡原则

现在你认识了平衡原则，也理解了为什么要有平衡原则，那我们如何在沟通中恪守平衡原则呢？"我们都是重要的"说起来容易，但要在每次沟通中都做到，却并不容易。比如我的一位朋友，是一家公司的销售主管，能力很不错，而且特别有创意，然而新总监对他的能力评价却并不高。虽然他知道"我们都是重要的"，但在每一次和总监沟通时，总是会把自己的姿态放得很低，也不敢表达自己的观点，表现得唯唯诺诺。为了更好地恪守平衡原则，这里我会给像他一样的朋友们三条建议。

建议一：从培养自己的勇气开始

最难恪守平衡原则的情况，是遇到比你更强大或者地位比你高的人，尤其当你需要他们的帮助时，你可能会在心理和行为上，将对方视为更重要的，此时，持有"我们都是重要的"信念，需要更多的勇气。面对这种情况，只要你愿意发掘并看见自己的价值，试着去克服内心的恐惧，就会逐步培养出勇气。当你面对能力比你强或是职位比你高的人时，你也可以先在心里跟对方保持平等，然后逐渐在行为上做到不卑不亢。

建议二：训练自己的同理心

还有一种情况，我们也难以恪守平衡原则，那就是自己本身处于优势地位的时候，他人可能不会或不敢表达异议，于是我们就在不知不觉中变得以自我为中心。大部分人存在一种误解，以为面对身份地位比自己低或能力比自己弱的人时，恪守平衡原则很容易，但事实并非如此。如果没有较强的同理心，我们很容易在沟通中表现出一种优越感，持有"我更重要"的信念。因此，除了培养自己的勇气外，还应该培养自己的同理心，让自己能站在他人的立场思考问题，去感受他人的感受。

建议三：警惕利益最大化的想法

很多人之所以不愿意恪守平衡原则，是担心"我们都是重要的"信念会让自己遭受损失，无法使利益最大化。在他们看来，出现冲突后只有据理力争才能捍卫自己的利益，所以不能持有"我们都是重要的"信念，相反应该认为"只有自己是更重要的"。事实上这样的想法只会导致双输的结果,无法真正给自己及他人带来更大的利益。如果某件事上只有你获利,而他人的利益会因此受损,那么他人往往会站在你的对立面,最终你也难以持续获得利益。所以,要想恪守平衡原则,我们一定要警惕只想着让自己利益最大化的想法。

在和他人沟通时,我们常常在"我重要"或者"你重要"的判断中摇摆。遇到比自己弱或者身份地位低的人,往往以"我重要"的姿态展开对话;遇到身份比自己高且资源多的人,就开启"你重要"的模式。史蒂夫·乔布斯曾在一次访谈中说:"我有幸接触过一些伟大的人,他们都有一个共同的特点,那就是他们对待每个人都一视同仁。"平衡原则希望能帮你成为这样的人。面对身份比你高的人,你能看到自身的价值;面对身份比你低的人,你能感受到他人的重要性。

路径原则，我相信沟通是更好的选项

路径原则是极简沟通核心原则的第二条原则，对应的信念是"我相信沟通是更好的选项"，它是对沟通价值的一种判断。如果你能恪守这条原则，自然就不会持有"沟通是没用的"陷阱式信念。面对问题，我们在思考怎么沟通之前，其实还存在一个前置选项，那就是要不要沟通。如果你觉得沟通是没用的，就会事先放弃沟通，根本不会花费时间和精力去寻找沟通的方法。接下来我们一起探索路径原则，只有深度了解它，才能让它真正成为你自己的原则。

◎ 为什么叫路径原则

"我相信沟通是更好的选项"为什么被叫作路径原则呢？在我看来，沟通本身不是目的，而是我们获得某个结果的途径。当工作遇到阻力、亲密关系出现问题、自己被上司误解的时候，我们可以选择和对方沟通，也可以选择不沟通。沟通虽然不能解决所有问题，但却是解决问题的基础，因此当我们坚持沟通选项的时候，等于选择了一条更有可能到达目的地的"路"。

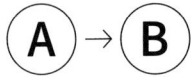

路径原则
我相信沟通是更好的选项

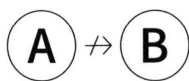

第二种陷阱式信念
沟通是没用的

路径原则与对应的陷阱式信念

相信沟通是更好的选项，我们才会坚持沟通。放弃是个很诱人的选项，尤其当沟通遭遇重重阻力的时候。可是选择放弃时，我们眼前的问题并不会自动消失，相反可能会变得更糟，除非我们可以完全不再面对某些事或某个人。因为不沟通只会导致误解越来越深，立场变得更加对立，关系更加疏远。

很多时候沟通之所以有效，并不是因为一开始就进展顺利，而是因为在不断尝试沟通的过程中，问题出现了转机。那些善于沟通的人之所以能通过沟通解决问题，并不是因为他们掌握了更多技巧，而是因为他们能始终坚持沟通的选项。如果现在无法沟通，他们可能会换个时间沟通；如果这种方法无效，他们可能会换一种。总之，他们始终持有一种信念，那就是"我相信沟通是更好的选项"。

◎ 如何理解路径原则

如果想让路径原则真正成为你恪守的原则，那么一定要对它有更全面的理解，不只要明白它的含义，更要了解它背后的原理，消除可能的误解。在与很多人讨论路径原则的时候，我发现大家有一些相似的疑问，比如：坚持沟通是否意味着强迫他人？如果沟通没效果还要坚持吗？相信沟通是更好的选项，是否意味着要立即沟通？接下来我会跟你详细讨论这些问题。

问题一：坚持沟通是否意味着强迫他人

有时候他人可能没有沟通的意愿，甚至完全抵触和你对话，那么我们是否还要相信沟通是更好的选项？如果相信，那坚持沟通是否意味着要强迫他人呢？这个问题的背后其实存在误解，核心原则是为了让自己远离陷阱式信念，是对自己有所要求或约束，并不是对他人有所要求。对方要不要跟你沟通，那是对方的选择，你不能因为自己想沟通，就要求对方同样有沟通的意愿。"我相信沟通是更好的选项"是你自己的价值主张，也是对他人的沟通邀请，你唯一能做的是创造沟通条件，而不是强迫他人沟通。你只有坚持沟通的选项，同时又给予他人足够的尊重和耐心，对方才可能会在某个时刻与你对话。即便对方始终没有意愿，也是正常的，只要你尽了最大努力就好。

问题二：如果沟通没效果还要坚持吗

面对一些艰难复杂的沟通场景，你可能把沟通当作是更好的选项，但沟通效果却很差。面对这种情况你可能会犹豫：自己还要坚持吗？沟通的最终效果如何，不仅仅取决于你是否坚持，还取决于你是否使用了正确的方式。恪守路径原则，代表你希望通过沟通解决问题，但并不代表你所使用的方式一定是对的。如果你使用了无效的沟通方式，坚持自然不会带来好的效果。比如你在他人没有意愿的情况下，通过死缠烂打的方式坚持沟通，这不但无法通过沟通解决问题，反而会制造更多问题。因此，我们不仅仅要相信沟通是更好的选项，还要不断寻找更好的沟通方式。

问题三：相信沟通是更好的选项，是否意味着要立即沟通

"我相信沟通是更好的选项"并不代表立即要跟对方沟通，我们可以等待一个更好的沟通时机，也可以尝试不同的沟通方式。如果此刻对方没有沟通意愿，并不代表他以后也没有意愿。恪守路径原则，就是要求我们拥有更多耐心，愿意给予对方充分尊重，不强求立即沟通。在他人没有对话意愿的时候，很多人的做法表现为两种极端情况，要么强求对方立即跟自己沟通，要么就彻底放弃了沟通。结果在

对方开始有沟通意愿的时候，他们反而开始变得没有意愿，于是就彻底错过了沟通的机会。

◎ 如何更好地恪守路径原则

信仰沟通价值的人，遇到问题时总会把沟通放在首位。虽然这不等于问题立即被解决，但却能提升问题解决的概率。至少保持沟通这个行为，会让你与他人共享更多信息，避免冲突进一步升级。有一位丈夫要去参加同事聚会，他向妻子承诺会在晚上十一点前回来，结果却到半夜一点才回家。这让妻子非常生气，她将他锁在卧室外，也拒绝听他解释。丈夫很委屈，是因为有个同事喝多了需要他帮忙才晚回家，但妻子的冷漠让他也不想解释了。于是两个人没有沟通，冷战了一周。很多人知道沟通很重要，但在现实中却难以坚持沟通的选项。接下来，我会分享一些有助于恪守路径原则的建议。

建议一：从追求公平到看见得失

如果对方拒绝沟通，你可能会想"凭什么要我主动沟通"，觉得坚持沟通不公平。冷战中的情侣大多有这样的心理，都希望对方能主动跟自己沟通，而自己只愿意在合适的时候给对方一个台阶下。这样的想法对解决问题没有任何帮助，这意味着你把沟通的主动权完全交给了对方。要想更好地恪守路径原则，我们就要从追求公平的心态转变为看见得失。虽然比对方积极主动对你来说，的确没有那么公平，但是你会因此掌握更多的主动权，最终获得更多的幸福和成功。

建议二：反思当前的沟通方式

沟通是更好的选项，不代表任何沟通方式都是有效的。在沟通遇到问题的时候，很多人不会去寻找更有效的沟通方式，而是倾向于把沟通失败的原因归咎于对方，并为对方贴上"无法沟通"的标签。这就像一个人在等电梯，没有按墙上的按钮，却抱怨电梯不会停下来，甚至误认为电梯就是坏的。如果沟通出现了问题，你认定都是对方的错，那么就不会反思自己的行为，更不会去寻找更有效的沟通方式。

建议三：试着成为一个不怕失败的人

相信沟通是更好的选项，不代表每次沟通都能成功。有时候你会在努力之后，依然面对沟通的失败。但努力后的失败和没努力后的失败，是完全不同的。前者会让你问心无愧，并不断积累沟通的经验，而后者只会让你习惯性地放弃。在成为沟通高手的路上，你可能会经历很多次失败的沟通，所以不要惧怕失败，要相信每一次沟通的尝试，都在增强自己的沟通能力。当你不再害怕失败的时候，无论面临何种复杂且艰难的沟通场景，你都会主动尝试，也更有可能恪守路径原则。

如果你持有"沟通是没用的"陷阱式信念，你的沟通对象缺乏沟通意愿，或眼前的沟通陷入困境，你就可能会放弃沟通的选项。要将路径原则"我相信沟通是更好的选项"变成一条你在沟通中必须恪守的原则。这会让你在沟通遭遇阻力的时候，拥有更多的耐心；在他人不再坚持沟通的时候，依然坚持沟通的选项。这会让你从眼前的失败中积累经验，逐渐找到真正有效的沟通方式。

主体原则，我对自己的情绪负责

主体原则是极简沟通核心原则的第三条原则，背后的信念是"我对自己的情绪负责"，对应的是我们处理自己情绪的方式。沟通中对方的语言和行为，可能让我们体验到糟糕的负向情绪，这个时刻你会怎么做呢？大部分人会深陷负向情绪的泥潭，觉得自己是受害者，开始表现得情绪化，甚至会报复和攻击对方。而主体原则能帮助我们实现自我修炼，远离"对方要为我的情绪负责"这种陷阱式信念，主动觉察和处理自己的情绪，从而提升个人应对艰难复杂沟通的能力。

◎ 为什么叫主体原则

情绪ABC理论告诉我们，对方的语言和行为之所以能冒犯到我们，让我们出现强烈的负向情绪，并不仅仅因为对方的语言和行为本身，还因为我们的看法。但大部分人会认为一切都是对方的错，忽视了自己对他人语言和行为的解读，更不会注意到自己参与了自己情绪感受的创造。事实上，我们既是自己情绪的主体，也是自己情绪出现的原因之一，所以我将"我对自己的情绪负责"命名为主体原则。

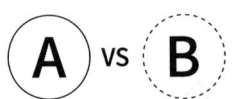
主体原则
我对自己的情绪负责

第三种陷阱式信念
对方要为我的情绪负责

主体原则与对应的陷阱式信念

接下来,我们再换个角度思考这个问题。负向情绪本身是一种糟糕的体验,如果我们把改变情绪这件事完全交给对方,就处于高度依赖对方的状态。如果对方无法或不愿处理我们此刻的情绪,那就意味着我们将长时间被负向的情绪所困。如果我们想通过沟通实现某个目标,负向情绪可能会对目标的实现带来较大干扰,这个时候我们可能不再理性,开始惩罚和攻击对方。因此,只有认识到我们对自己的情绪负责,才会努力让自己从当前的情绪中走出来。这意味着我们将放下对他人的过度期待和责备,相信自己有能力改变现状,不再受制于他人的语言和行为,从而获得真正的自由。

◎ 如何理解主体原则

关于"我对自己的情绪负责"这句话,理解其字面意思很简单,真正难的是从内心接受这条原则。你可能会快速记住这句话,但当你在沟通中接收到负向情绪时,依然会觉得自己很受伤,会认为都是对方的错,甚至会认为凭什么要"我对自己的情绪负责"?我和很多人进行过关于主体原则的对话,有一些问题也总是被问到,比如:遇到了"垃圾人",还要对自己的情绪负责吗?对自己的情绪负责,会不会便宜了对方?对自己的情绪负责,会不会很累?为了让主体原则真正成为你的原则,接下来我会跟你说说我的看法。

问题一：遇到"垃圾人"，还要对自己的情绪负责吗

在分享主体原则时，我多次被问到：假如面对的沟通对象是个"垃圾人"，仍要对自己的情绪负责吗？实话说，我自己本身不喜欢给他人贴标签，但有些人的语言和行为真的很糟。"垃圾人"的说法还是特别具有主观性的，甚至带着强烈的厌恶感和评判意味，所有人都可以把自己不喜欢的人称为"垃圾人"。

事实上，践行主体原则与你的沟通对象没有关系，不管你遇见怎样的人都可以恪守主体原则。你对自己的情绪负责，不是给他人的礼物，相反是给自己的礼物。遇到那些很难相处的人，你更需要对自己的情绪负责，不能让他们主导了你的情绪，让自己深陷负向情绪的泥潭。对自己的情绪负责，并不是克制情绪表达，也不是必须用积极的情绪回应对方，而是避免情绪失控，要始终做情绪的主人。

问题二：对自己的情绪负责，会不会便宜了对方

这个问题跟前面的有点儿相似，可以理解为是对前面问题的追问。如果你真的理解了，对自己的情绪负责是给自己的礼物，就一定会明白，对自己的情绪负责，并不是便宜了对方。但为什么很多人会有这样的感觉呢？一个很重要的原因是，我们经常误以为：生气就是对他人的惩罚。事实上，你能用生气惩罚到的人，只有那些在乎你的人，而讨厌你的人并不会觉得是惩罚，也许还会更加开心。

当然，对自己的情绪负责，并不等于忍气吞声，也不主张普通人难以做到的以德报怨。如果他人冒犯了我们，我们依然可以采取行动维护自己的权益，让对方付出合理的代价。比如拒绝跟对方合作，或者寻求他人帮助，向上级部门投诉，甚至借助法律等途径进行应对。

不过在采取这些行动之前，我们首先要调整自己的情绪，让自己从负向情绪的泥潭中走出来，不然等于别人做了错事，而自己受到了惩罚。

问题三：对自己的情绪负责，会不会很累

"负责"听起来像是要做更多的事或承担更大的责任，很多人自然会担心：对自己的情绪负责，会不会很累？面对这个问题，我总会反问一个问题：我们不对自己的情绪负责就不累吗？其实会更累。不对自己的情绪负责，意味着我们的情绪完全被他人掌控。别人一句无心的话，可能让我们长时间深陷糟糕的情绪之中。因为被情绪掌控，所以很难与他人创造出建设性的对话，开始倾向于惩罚和攻击对方，甚至说出很多刻薄的话，于是两个人的冲突持续升级，甚至彼此大打出手。不管是情感还是职场，这种模式让很多人心力交瘁。对自己的情绪负责，尽管看起来要多做一些事情，但实际上，这会帮助你获得更多的自由。你的情绪由你掌控，而不是被他人操纵。

◎ 如何更好地恪守主体原则

现在你深知"我要对自己情绪负责"的重要性，并渴望真正做到。然而，当别人做错事或当你感到自己被冒犯时，你可能依然会被负向情绪所控制，陷入让他人为自己情绪负责的模式。面对这样的情况，你可能会想主体原则是不是一种理想化的要求。其实主体原则存在的意义，并不在于让你彻底远离负向情绪，而在于当你因他人的原因出现负向情绪时，不推卸责任给他人，不沉溺在受害者的情绪中，也不本能地攻击报复他人，而是接纳自己的这些情绪，明白它们是此刻的现实。为了让你更好地坚守主体原则，以下是我要给你的一些建议。

建议一：培养沟通中的情绪觉察力

情绪是我们自己的一部分，我们的每个日常行为背后都有情绪的原因。在情绪没有很强烈之前，大部分人并不会觉察到自己的情绪。比如在沟通中自己的声音开始变大，行为也开始有了一些攻击性，但却依然不觉得自己有情绪。如果我们不能在沟通中觉察到情绪，那么就不会采取行动去调整自己的情绪。识别情绪永远是情绪管理的第一步。

每个人对情绪的觉察力并不同，有些人生来就擅长感知他人的情绪，而有些人则需要通过后天大量的学习训练来培养相关能力。不管你的情绪觉察力怎么样，你都可以通过学习和训练增强它。比如在每次沟通中，你都可以试着询问自己：我此刻的感受如何？别小看这个简单的问题，它会让你主动检查自己的情绪状态，当自己出现某些情绪时，它可以帮你快速识别出来。

建议二：主动改变自己的身体状态

我们在出现某些情绪时，身体也会表现出一些特征。比如当你感到愤怒的时候，呼吸可能会变得急促，双臂会抱在胸前，拳头紧握，眉头也开始紧缩，甚至四肢都变得僵硬起来。当你觉察到身体的这些变化后，主动改变自己的身体状态，将更便于你调整自己的情绪。比如当你发现呼吸急促后，可以主动调整呼吸频率、深呼吸，并在沟通中刻意保持微笑；当你发现自己正双臂环抱于胸前，或者正紧握着拳头时，可以有意识地让自己的身体放松。

或许你会问：这些对身体状态的改变跟恪守主体原则有什么关系呢？这些身体状态的小改变，有助于你在沟通中调整自己的情绪。一个人越是拥有较强的情绪调整能力，越愿意主动为自己的情绪负责。

当然，身体状态的改变，只是自我情绪调整的方法之一。如果你发现难以使自己的情绪好转，也可以选择暂停对话，让自己的注意力从当前的交谈中抽离，尝试听一首自己喜欢的音乐，或者思考一些美好的事物，等自己的情绪调整好后，再重新开始对话。

建议三：试着改变看问题的角度

假如在一次重要的会议中，你发现下属没做任何准备，你的感受会怎么样呢？我相信很多人的感受可能会是非常生气。但如果你突然想到，下属最近工作强度比较大，精力被更多事情占用了，那么你的愤怒情绪应该会减弱很多，甚至会帮下属梳理工作的优先顺序，让他做好时间和精力的分配。在这个情境中，你为什么能够改变自己的情绪状态呢？其中一个很重要的原因是：你改变了看问题的角度，从而重置了自己固有的认知。

在我们和他人沟通的时候，我们之所以会有某些负向情绪，可能是因为一些先入为主的判断。如果我们能在这个时候，试着去获得更多的信息，主动改变看问题的角度，那么我们就能避免自己被负向情绪掌控，不会轻易地迁怒于他人。因此，那些不会钻牛角尖，总是能从不同角度看问题的人，往往更有可能恪守主体原则。

不管是情感关系里还是职场中，我们都免不了因他人的语言和行为而生气、难过，甚至焦虑。我们既影响着他人，也会被他人所影响。大部分人在陷入负向情绪的时候，很容易持有"对方要为我的情绪负责"这种陷阱式信念，开始指责和攻击他人，让沟通变得愈加艰难。而主体原则，就是为了消除这种陷阱式信念而存在的，它让你接纳情绪的现实，明确自己的责任和能力，主动在沟通中调整、改变情绪，从而为通过沟通解决问题创造有利条件。

权益原则，我尊重你的选择

权益原则是极简沟通核心原则的第四条原则，它背后的信念是"我尊重你的选择"，对应的是我们应对冲突的方式。沟通不是单纯的说服，更不是只希望影响他人而拒绝自己被影响，它是一个彼此影响的过程。因此，那些只懂得捍卫自己观点却缺乏倾听能力的人，很难成为沟通高手。现实中分歧和冲突是很常见的，而一些人总是希望"别人必须听我的"，这种陷阱式信念让沟通变得难以进行。权益原则让我们以包容和开放的态度，与他人进行更多的对话，并通过求同存异来进行有效沟通。

◎ 为什么叫权益原则

如果在某件事上，你认为他人的某个选择是错的，你会怎么做呢？许多人可能会说，这取决于双方的关系，如果彼此关系一般，自己就不会过多插手，但如果对方是和自己关系亲密的人，则自己一定会帮助对方做出正确的选择。接下来我们进一步追问：假如这个关系亲密的人不接受你的看法呢？很多人又告诉我，他一定会说服对方，因为他不能眼睁睁地看着对方走弯路。

前面提到的这些想法都是善意的，也是富有责任感的，我们的父母、领导、爱人，甚至许多朋友和同事都持有类似的看法。他们越在乎你，就越会关注你的选择，一旦他们认为你的选择不对，就有可能试图改变你的想法，让你接受他们认为的"更好"或"更正确"的选择。如果他们只是向你提出建议，那么最终的选择权在你手里，但如果他们要求你必须听他们的，那一定会带给你很多困扰。

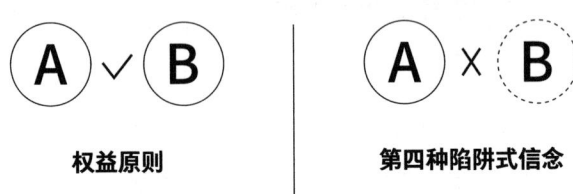

权益原则与对应的陷阱式信念

在出现冲突的时候，许多关系亲密的人的第一反应并不是倾听对方的需求，而是会极力说服对方，甚至以"为对方好"的理由强迫对方做自己认为"正确的事"。这种现象背后的主要原因是，他们在沟通中持有"别人必须听我的"这种陷阱式信念。不管这种信念来自善意，还是来自一种盲目自信，都让人陷入了一种认为自己更明智、更了解什么才是最佳选择的误区。"别人必须听我的"这种陷阱式信念，等于剥夺"别人"做出自己选择的权益。正因为这样，我才决定将"我尊重你的选择"这条原则命名为权益原则。每个人都有对自己生活做出选择的权力，尊重他人的选择，就是承认对方的独立和自由。这不只是成熟的标志，更是我们对自己影响力的自信。

◎ 如何理解权益原则

"我尊重你的选择"并不总是很难做到，如果别人的想法跟我们一致，我们很容易做到尊重对方的选择。但如果对方的想法和我们完全不同，甚至他们的决定关系到自己的利益和得失，那么要做到尊重对方的选择就会特别难。在我分享权益原则的过程中，听到很多人表达担心，比如：尊重对方的选择是不是放弃自己的目标？尊重对方的选择是不是必须认同对方的选择？任由对方做出错误的选择是不是不负责任？接下来我会详细和你说说我的看法。

问题一：尊重对方的选择是不是放弃自己的目标

回答这个问题前，我们首先要区分某件事谁说了算，也就是谁需要为这件事承担最终的责任，或者做某个选择到底是谁的权力。如果你不会为某件事承担责任，这件事的选择权也不属于你，你只是认为自己的建议更好，希望别人听你的建议，那无论如何你都应该尊重对方的选择。

有的人可能会说，"虽然我不是某件事的责任人，也没有做出最终决定的权力，但对方的选择会带给我很大的影响"。比如有位创始人跟我分享了自己的困境，他和自己的合伙人在能力上非常互补，但也会在工作中发生冲突。最近合伙人决定要撤出合作，这让他很为难，因为如果尊重对方的选择，就意味着公司要解散了。

尊重对方的选择，并不等于放弃自己的沟通目标，你依然可以表达自己的想法，只是不强迫对方接受而已。如果对方的选择会影响到你，你也有施加影响的权力，比如可以向对方说明选择的利弊，在尊重对方的前提下，说明自己的计划。假如你是前面例子中的创始人，你不尊重对方的选择，不但不能妥善解决眼前的问题，还可能导致更多的损失。因为只有在尊重对方选择的前提下，你们才可能进行建设性的对话，让彼此的损失降到最低。

问题二：尊重对方的选择是不是必须认同对方的选择

每个人都是独一无二的，持有的想法必然不同，不同的观点并不会阻碍人们之间的沟通。不管两个人的分歧有多大，只要双方懂得尊重和包容，都可以坐下来进行有效对话。同样的道理，尊重对方的选择不是必须认同对方的选择，仅仅是认同对方有做出自己选择的权力。当然，你可能会有疑问：既然不认同对方的选择，那尊重又有什么意义呢？其实尊重本身就是意义，尊重能让对方在沟通中获得更多的安全感，这能为彼此展开深度的对话创造基本条件。如果沟通中缺乏尊重，那么只会产生更多的猜疑和抵触。你可以不认同对方的选择，但应该试着去了解，在彼此了解的过程中，原先的想法或偏见可能也会发生改变。

问题三：任由对方做出错误的选择是不是不负责任

如果沟通对象跟我们的关系很好，或者他们本身就是我们生命里重要的人，那么我们一定会很关心对方的选择。一方面是因为我们真的爱他们，另一方面我们也在无形中会为他们的选择承担一定的风险。所以，当他们做出我们不认同的选择时，大部分人会难以接受，甚至会想办法改变对方的选择。

虽然所有借着爱的名义或"为你好"的强迫行为背后都有善意的理由，但我们所谓的"正确选择"就一定正确吗？即使真的正确，如果对方不愿意接受，我们又能改变什么呢？强迫行为只会让彼此产生更多的冲突。你要相信，没人会故意做出错误的选择，让自己陷入风险或灾难之中。这时候最好的方式，依然是先尊重对方的选择，然后再提出你的建议，帮助对方获得更全面的信息。

对他人的选择不尊重，或者试图强迫对方改变，并不是为对方负责，实际上可能是真正的不负责任。因为这样的行为只会引发更多的不信任，激起他们的反抗心理，让他们为了反对你故意偏离正确的方向。

◎ 如何更好地恪守权益原则

关于恪守权益原则,我们面临的最大挑战是心里的双重标准。当坚持自己的选择时,我们非常希望得到他人的尊重,但当他人坚持自己的选择时,我们却想要改变对方。坚守权益原则,意味着我们要在不同的沟通时刻说出"我尊重你的选择"。接下来,我会跟你分享一些建议。

建议一:避免被自己的控制欲绑架

你可能会遇见这样的人,他们的成就感来自对别人的控制,如果周围的人都听他们的,他们就会很开心;而一旦听到不同的声音,他们就会认为自己的权威被挑战了,会开始疯狂打击报复别人。这样的人是被自己的控制欲绑架了,在沟通中他们很难恪守权益原则。听我这样描述,你可能会觉得这样的人很糟,但一不小心,你也可能会成为这样的人。如果你希望在沟通中恪守权益原则,那么一定要提防自己内心的控制欲,避免自己被"绑架"。

建议二:勇敢做自己,也允许别人做自己

心理学家阿尔弗雷德·阿德勒提出了一个"课题分离"的概念,主张对自己权力范围内的事尽心尽力,而对他人权力范围内的事给予最大的尊重。"课题分离"有助于我们看清人与人之间的边界。人际关系中的大量矛盾大都出于此:要么是我们擅自干涉他人的课题,要么是自己的课题被他人强行干涉。如果我们能在做好自己的同时,也允许他人做他们自己,那么就更有可能恪守权益原则。

建议三：既要看见不同，更要看到相同

人与人之间不是只有差异，也有很多共同点。当他人的选择和我们的选择不同的时候，我们的注意力很容易会被不同的部分吸引，甚至会无限放大彼此的差异，导致完全忽视了彼此之间存在的许多相同部分。这会导致一个现象，那就是我们好像花了很多时间和精力解决分歧，结果分歧反而变得越来越大。其实这种情况的解决办法非常简单，就是控制自己的注意力，让自己有意识地关注彼此的相同部分，去寻找更多的共同点。当看到更多的共同点之后，我们就更容易做到尊重他人的选择。基于这样的原理，当你难以接受他人选择的时候，不妨试着问自己：这个选择背后我们有哪些相同的部分？这样的自问有助于你在沟通中更好地坚守权益原则。

在你的生活中，不会只遇到和你想法一致的人，也会遇到很多和你持有不同观点的人。他们可能是你的同事、朋友，也可能是你的伴侣、孩子和父母。面对不同的想法和选择，如果总是要求他们听你的，那么将会制造出更多的冲突，很可能遭到对方更多的抵触和抗议，让自己变成一个"孤家寡人"。恪守权益原则，让你在沟通中远离"别人必须听我的"这种陷阱式信念，帮助你在生活和职场中得到更多建设性的对话，真正实现用沟通创造美好。

如何用核心原则应对艰难复杂的沟通场景

当一个人开始恪守极简沟通核心原则时,他的生活会有哪些变化呢?在我不断向更多人分享极简沟通的过程中,也看到了很多人的成长故事。当你在生活和职场中恪守核心原则时,无论你面对怎样的沟通对象,你都能平等看待,做到不卑不亢;在沟通遇到阻力的时候,你能始终相信沟通是更好的选项,愿意主动对话;当自己在沟通中出现负向情绪时,你愿意为自己的情绪负责,主动做出调整和改变;当对方的选择和你不同时,你会表达自己的观点,但也能尊重对方最终的选择。

◎ 一次艰难复杂的沟通

极简沟通核心原则的存在,不只是为了让我们远离四种陷阱式信念,更是为了让我们更好地应对艰难复杂的沟通场景。在本书的第一部分,我们定义了五种艰难复杂的沟通场景,它们分别是:遭遇强烈的负向情绪、彼此的立场对立、双方的认知差异大、遭遇他人的排斥及自己处于劣势地位。当存在前面一种或多种情况时,沟通会变得特别艰难复杂。接下来,我们看一个具体的案例。

案例中的当事人是一家公司的部门经理,她曾经对工作非常满意,在公司工作两年,一直被同事认可,但自从换了新上司,一切就发生了改变。比如她的提案总是反复被这位新上司否决,这让她难以接受,甚至有些愤怒。当她试图解释的时候,对方的态度总是显得有些不耐烦，于是她也没给这位新上司好脸色。现在两个人的关系特别僵，她已经在考虑要不要辞职了。假设你是这个案例中的当事人，你会如何使用核心原则分析和解决问题呢？

◎ 用核心原则分析沟通问题

在应用极简沟通核心原则时，我们必须明确：恪守核心原则不是对沟通对象的要求，而是我们对自己的要求，以对抗我们可能持有的四种陷阱式信念。除非你是一位沟通教练，是为了帮助他人建立有效的对话，否则请不要在沟通中向对方提出恪守核心原则的建议。为了方便大家理解，接下来我会以沟通教练的身份对当事人的问题进行分析。

恪守平衡原则，意味着当事人需要持有"我们都是重要的"这种信念。而基于前面案例的描述，当事人更关心自己的方案是否被上司认可，而对上司的需求关注较少。站在新上司的角度，他可能也有自己的期望和压力，拒绝当事人的提案或许并非针对个人，而只是对提案本身不太满意。

恪守路径原则，意味着当事人得持有"我相信沟通是更好的选项"的信念。但在这个案例中，当事人与新上司的配合出现问题，尝试沟通无效后她便放弃了沟通，还不给对方好脸色，甚至准备用辞职的方式解决问题。

恪守主体原则，意味着当事人需要持有"我为自己的情绪负责"这种信念。但在案例的描述中我们得知，当事人对自己之前的工作状态挺满意，换了新上司才导致她每天的心情很糟，甚至让她在工作中，都不愿意给新上司好脸色。这说明当事人并没有恪守主体原则。

恪守权益原则，意味着当事人需要持有"我尊重你的选择"这种信念。职场中每个职位的权力并不同，虽然当事人非常渴望自己的提案能被通过，但她却无法单方面决定这一切。通过前面的案例描述，我们看到当事人对提案被否决难以接受，甚至感到非常愤怒。

◎ 用核心原则解决沟通问题

通过前面的分析，我们看到了当事人恪守核心原则的情况，发现她在沟通案例中几乎持有全部的陷阱式信念。如果你是当事人，可能会觉得非常委屈，为什么要自我否定呢？其实核心原则的关注点是我们持有的陷阱式信念，改变的焦点也是自己的信念，跟其他人或外部环境没有关系。觉察陷阱式信念的目的，仅仅是帮助自己做得更好，不是对自己进行否定。

用核心原则解决问题会与分析问题有些不同。分析问题是审视自己或他人是否恪守核心原则，是否持有四种陷阱式信念，而解决问题并不仅仅是消除陷阱式信念，最理想的状态是让我们根本不持有陷阱式信念。前面我在介绍"三剑客"工具如何发挥价值的时候，提到过四个途径：提醒、激励、定位和指导。如何用核心原则解决问题，我会通过以下框架演示其过程。

现在，假设你是前面案例中的当事人。

提醒，让你能觉察　对核心原则来说，它的提醒表现为让你关注自己所持有的信念。现在你跟上司的沟通出现了问题，你的提案被多次驳回，你难以接受。在极简沟通核心原则的提醒下，你开始主动检查自己是否持有四种陷阱式信念。这种觉察行为本身就会为沟通带来改变，你将调整自己的信念，而不是只盯着别人的问题。

激励，让你有动力　核心原则带来的激励表现为远离陷阱式信念，因为你知道它们会带来更糟的结果。在当前的情境中，你无法决定谁将是你的上司，也不能强迫对方为你做出有利的决定。你只要相信践行路径原则，主动去和对方沟通，就一定会解决目前的这些问题。

定位，让你知现状 对核心原则来说，定位就是让我们对自己的信念现状进行分析，辨别自己具体持有哪几种陷阱式信念的过程。在这个案例中，你知道自己持有了四种陷阱式信念，了解这种现状是改变的前提。很多人可能在沟通中持有某种陷阱式信念，但是对此却一无所知。

指导，让你有计划 核心原则的指导不只表现为如何消除已有的陷阱式信念，也表现为如何更好地恪守核心原则。消除已有的陷阱式信念就像灭火，而在每次沟通中，恪守核心原则更像是防火。在这个案例中，依据平衡原则，你不能只关注自己的需求，也需要理解上司的需求和期待；遵循路径原则，你应该主动与上司沟通以消除误解，解决当前的问题；根据主体原则，你需要主动调整自己的情绪，不将情绪的责任完全归咎于上司；按照权益原则，你要尊重上司做出的决定，了解他做出决策的主要原因，并据此改善自己的方案。

极简沟通的应用，并不是我们掌握全部"三剑客"工具后才能开始的，核心原则、状态象限和目标模型等工具的价值是叠加的，它们是基于模块化的思路设计的。现在你已经掌握了极简沟通核心原则，在学习其他工具的过程中，不妨频繁地使用它。

核心原则不仅仅是一个工具，也是我们在持续修炼中应遵循的原则。我们的人生，一定会面临一些艰难复杂的沟通场景。它们可能出现在你和伴侣之间的沟通过程中，也可能出现在你和领导之间的沟通过程中。在这些特别的沟通时刻，极简沟通核心原则会帮助你穿越沟通的迷雾，突破沟通的障碍，让你用沟通创造出更多的幸福和美好。

影响核心原则应用的四种误解

核心原则是极简沟通"三剑客"工具中的第一个工具,对应于你在沟通中持有的信念,它能帮助你远离四种陷阱式信念,让每次沟通赢在起点。为了真正掌握这个工具,我们不能仅仅停留在了解的层面,而是要让这些原则真正成为自己的原则。这说起来简单,但做起来一点儿都不容易。最好的方式就是更多的刻意练习,在这个过程中你可能会发现自己存在一些误解。接下来,我就来跟大家一起讨论以下四种常见的误解。

◎ 误解一:把原则当作对别人的要求

虽然我多次提醒核心原则是对自己的约束,而不是对别人的要求,但我发现还是有很多人会忽视这一点,他们只记住了它对应的是信念,却忘记这里的信念是指自己的信念。某次沟通中,对方能恪守核心原则是我们的幸运,但我们无法要求也不应期待对方一直恪守核心原则,这种期待本身会干扰我们的沟通。我们更不能因为对方持有某种陷阱式信念,而否定或批判对方。比如面对一个情绪化的沟通对象,你不能告诉他"你应该对自己的情绪负责"。

核心原则是我们自己的原则,也是自我修炼中应掌握的关键。没有人喜欢被要求做某事,即使这些要求看起来很合理。当你面对艰难复杂的沟通场景时,向他人提出要求只会使情况变得更糟。对方可能会觉得你好为人师,开始对你反感或抗拒,而你的要求被他人拒绝后，你也可能会产生攻击和惩罚他人的冲动。比如他人没有恪守主体原则，你很可能会想：既然对方不对自己的情绪负责，凭什么要我对自己的情绪负责呢？于是你也就不再恪守主体原则。

◎ 误解二：把原则当作真理或道德标准

极简沟通核心原则可以帮助我们在沟通中避开四种陷阱式信念，但它只是我们对自己的一个要求。当我们恪守这些原则时，会以更好的状态应对艰难复杂的沟通场景，但我们也需要明白，这些原则并非真理，也不应被视为某种道德准则。如果你把核心原则当作真理，就可能会花大量时间去论证它们，而不是应用它们；如果你把核心原则看作是道德标准，就可能会用它们评判沟通对象。如果对方没有恪守某条原则，你就会觉得对方很差劲，如果自己没有坚守某条原则，你就可能会自我否定。

◎ 误解三：把原则当作临时性工具

在学习和应用核心原则的时候，你可能会把它们当成临时性工具，只是偶尔会想起来。如果仅仅是这样，那么当你真正需要这些原则时，它们就无法帮助到你。核心原则的力量源自它们成为你沟通习惯的一部分，如果它们只是被当作临时性工具，就意味着你不会为它们分配更多的时间，也不会主动进行更多的刻意练习，更不会在平常的生活和工作中恪守这些原则。其实任何一个极简沟通"三剑客"工具的价值都取决于你对它们的态度，你越是熟悉和重视它们，这些工具对你的价值也就越大。

◎ 误解四：认为核心原则无所不能

真正掌握一个工具的标志，是你能看到工具的价值和潜力，同时也能认识到工具自身的局限。核心原则对应的是影响沟通的第一个关键因素，也就是我们在沟通中所持有的信念。你的信念创造着你的世界，决定着你在沟通中会听到什么、表达什么、采取哪些行动。极简沟通核心原则让你用更好的姿态面对当前的沟通，但它并不是万能的。它只是"三剑客"工具之一，不能让你以沟通对象为中心创造出理想的沟通过程（这是极简沟通状态象限的使命），也不能帮你分辨自己的沟通需求，并选择合适的路径（这是极简沟通目标模型的任务）。除了核心原则之外，你还需要去学习其他两个工具。

我介绍这四种关于极简沟通核心原则的误解，并不意味着所有人都存在这些误解，你在学习过程中可能会存在其他类型的误解。出现误解并不可怕，学习本身就是不断发现和消除误解的过程。还有一种更有效的方式来消除误解，那就是与其他学习者进行交流。为了创造这样一个交流空间，我们发起了极简沟通社区，你可以通过访问极简沟通官网，在与更多人交流中消除误解，并获得启发。

本章小结

如果你希望提升沟通能力,首先要做的不是要求沟通对象改变,更不是抱怨你所处的沟通环境,而是把关注点转向自己,主动审视自己是否持有四种陷阱式信念,并且在沟通中恪守四条核心原则。四种陷阱式信念"我重要或者你重要""沟通是没用的""对方要为我的情绪负责""别人必须听我的",导致了大部分沟通的困境,而极简沟通通过四条核心原则,帮助我们对抗这些陷阱式信念。

这一生我们会遇见很多人,要经历无数次沟通,有些简单,有些艰难而复杂。极简沟通的核心原则不是对别人提出的要求,而是让你觉察和调整自己所持有的陷阱式信念。如果你在每次沟通中坚守极简沟通的四条核心原则,就能让沟通赢在起点,充分利用沟通的力量解决问题。

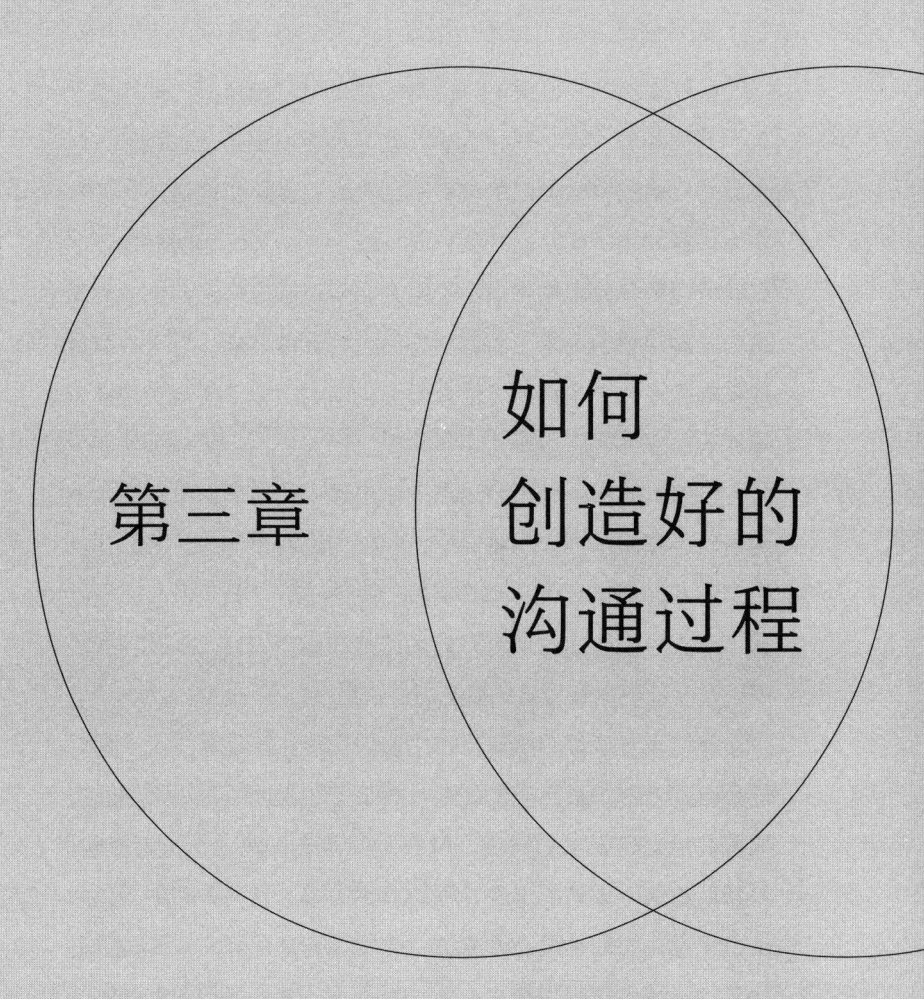

第三章　如何创造好的沟通过程

在某次沟通开始之前，你可能知道自己想通过沟通得到什么，但你知道对方想要什么吗？很多人在沟通中从未思考过这个问题，他们待在自己的世界里，只表达着自己的需求。而真正的沟通高手，能从自己的世界里走出来，关注沟通对象，知道通过成就他人来成就自己。别人之所以回应你的需求，并不是为了满足你的需求，而是出于他们自己的需求。只有看得见他人的需求，并将自己和他人的需求结合，你才能通过沟通影响他人。

极简沟通核心原则，让你关注沟通中自己的信念，而极简沟通状态象限，则让你将注意力放在沟通对象身上，帮助你创造出让对方感觉舒服又有价值感的对话过程。如果说核心原则能让你成为更好的对话者，让沟通赢在起点的话，那么状态象限一定会让你拥有力量，赢在沟通过程。

每个表达者都希望自己表达的内容能打动他人，至少希望能获得对方的积极回应。那么具体该怎么做呢？极简沟通状态象限将通过定义沟通状态，觉察不同状态对沟通结果的影响，来帮助你创造满意的沟通过程。具体来说，它将你和他人的对话过程定义为四种代表性状态，让你远离破坏型和风险型沟通状态，创造出理想型沟通状态。接下来，就让我们一起开始探索这个工具吧。

为什么很多沟通没效果

沟通每时每刻都在发生,它们表现为多种形式,有时是面对面的对话,有时是微信上的交流或在线会议。面对这些沟通的结果,你对它们都满意吗?很多人告诉我,自己花费了大量时间在无效的沟通上。这使我开始思考:为什么许多沟通没有达到预期的效果?

随着对这个问题的持续关注,我发现背后的根源是许多人在无意识中进行"一厢情愿"的表达。比如你准备和同事讨论某项工作,但却忘了倾听对方的想法,一开始便滔滔不绝地讲述自己的观点,以为沟通只是说出自己的想法。

◎ "一厢情愿"的表达

"一厢情愿"的表达,指的是对话过程中以自我为中心,只表达自己认为重要的内容,眼里没有他人,缺乏有效倾听的沟通方式。你可能经历过他人"一厢情愿"的表达,比如某次沟通中对方完全忽视你的感受和看法,只想着实现他们的沟通目标。

在"一厢情愿"的表达中,表达者会花大量的时间表达"我觉得""我认为""我希望"等内容,却很少关注沟通对象的真实意愿和情绪感受。你千万不要以为,只有少数人才会进行"一厢情愿"的表达,其实这样的对话非常普遍。现实生活中我们很容易把自己重视的,当作他人也重视的,这让我们在不知不觉中进行了"一厢情愿"的表达。

◎ 忽视沟通对象的后果

换位思考能够有效避免"一厢情愿"的表达，但对许多人来说，理解起来容易，实践起来却很有挑战性。因为人在沟通时，很难从自己的世界里走出来，做到真正重视他人。在某次沟通中，如果你心里装的都是自己的需求，那就无法真正打动别人。"一厢情愿"的表达，本质是忽视了沟通对象的表达。那么忽视沟通对象会带来哪些不好的结果呢？

后果一：错失重要信息

沟通不仅仅是表达的过程，也是倾听的过程。你既需要分享自己的观点，也需要从他人那里获取新的信息。忽视沟通对象，很容易让你一直沉浸在自己的世界里，即使花大量的时间进行表达，而缺乏倾听，也将导致你错失大量重要信息。信息本身就是价值，缺乏信息将使你的决策面临巨大风险。

后果二：导致答非所问

能给出正确答案的人，并不一定是经验丰富的人，也可能是认真聆听问题的人。我遇到过一些自诩经验丰富的专业人士，他们常常会在别人未讲完问题之前就急于给出答案。这种行为不仅无法体现他们的专业能力，还往往会使他们片面理解他人的问题，导致答非所问。只有重视沟通对象，你才会认真倾听对方的每句话，才会弄明白对方的问题是什么，才能给予精准的回应。

后果三：引发他人的抵触

有人说我们终其一生都在追求被看见，我深有感触。当我身上的优点被人看到时，我会觉得很开心；当我的努力被人认可时，我会感到一切都值得；当我的独一无二被人发现时，我会特别感动。我相信你也有相同的感受，假如某个人和你沟通，对方只关心自己，却从来不考虑你的需求和感受，你肯定也不愿意响应对方的要求和期待，同时会觉得对方很自私，甚至再也不想跟这样的人有交集。

◎ 从关注自己到关注他人

关注自己，似乎是我们与生俱来的能力。你饿了会哭，直到妈妈给你食物；你想要某个玩具，可能会在地上打滚，直到爸爸做出妥协。而关注他人则是我们在后天逐渐学会的，随着一天天长大，我们懂得了"交换"的意义，知道只有先满足他人的需求，他人才会答应自己的请求。从关注自己到关注他人，这种转变是体现我们成长的重要经历。

很多表达者都希望通过简单的表达，就得到他人的热烈响应。但在现实中，我们却不得不经历大量以无效收场的表达场景。如果在沟通中真的存在所谓的"超能力"，那无疑就是将焦点从自身转移到他人的能力。他人之所以会响应你的表达，不是因为你的需求，而是因为他们自己的需求。没有人能被说服，只是对方愿意相信你的初衷对他们也有利。

当然，要从关注自己真正转变为关注他人，也并不容易。我们总是纠结于自己说了什么，总在强调"我"表达的内容有多么重要，但却没有去了解对方真正听到了什么。要想真正实现这种转变，我们需要不断告诫自己：重要的不是"我"说了什么，而是对方听到了什么。

很多沟通之所以没效果，不是因为你缺乏说话的技巧，而很可能是因为你忽视了沟通对象。当你仅仅站在自己的立场，持续进行"一厢情愿"的表达时，没人会乐意回应你的要求。也正是这个原因，在极简沟通这门学问里，我把沟通对象确定为影响沟通的第二个关键因素。要想将艰难复杂的沟通化繁为简，你就需要时刻关注你的沟通对象，不管你要表达什么，都要先思考表达的内容与对方之间存在怎样的关系。

关注沟通对象到底该关注什么

在一次课程中，有位学员分享了他的经历："我有个下属，我对他重视有加，用心与他沟通，但他却不为所动，要么敷衍应付，要么干脆拒不合作。可当我开始忽视他，不再给予对方重视时，他反倒变得听话了。"

你可能也经历过类似的事情，当你把关注点放在沟通对象身上时，沟通效果并不理想，但当你不这么做的时候，沟通却显得更为有效了。这样的经历很容易让我们误以为，忽视沟通对象，沟通就会顺利进行。

事实上关注沟通对象，并不代表沟通绝对有效，但却会提升沟通成功的概率；同样，忽视沟通对象，也不代表沟通一定会失败，但失败的概率会更大。无视对方，会在无形中向对方施加压力，可能会换来对方的妥协和让步，但也有可能会引发对方的抵触，让沟通变得越来越复杂。很多人觉得自己非常重视沟通对象，但实际上这可能是一种错觉。就像一个自认为非常重视孩子的妈妈，但事实上她却从来没有认真地倾听过孩子的想法，这种重视也就不算真正的重视。

◎ 需要关注沟通对象的哪些方面

我们每次的沟通对象并不是固定的，他们可能是你的伴侣、孩子、同事、客户。对于关注沟通对象，我们到底该关注什么呢？这个问题，我最先想到的是性格，面对不同性格的人，我们应该使用不同的沟通方式。比如有些人很好强，你就要多肯定他；而有些人比较内向，你就要主动一点。为此我学习了许多关于性格的知识，比如迈尔斯-布里格斯人格类型测验（MBTI）、DISC性格测试、九型人格、大五人格等。后来，我还是放弃了这个关注点。因为我发现用性格分类来指导沟通，虽然可以让对话更有针对性，但也可能会让沟通变得模式化，容易忽视性格背后独一无二的个体。

放弃性格的选项后，我又陆续探索了沟通对象的经历、接受的教育、个人的兴趣、沟通双方的关系等不同的选项。如果站在对沟通有帮助的角度，这些方面都值得关注，但如果站在极简主义的角度，这些选项都无法令我满意。我希望找到一个既具有普遍性，又能兼顾到个体差异的关注点。

◎ 一本书带来的启发

关注沟通对象到底该关注什么？很长一段时间，我都没有找到满意的答案。直到我阅读《思考，快与慢》这本书时，得到了启发。这本书的作者是2002年诺贝尔经济学奖的获得者丹尼尔·卡尼曼。书中对人类大脑的决策机制进行了探讨，提出了一个观点：没有人是绝对理性的，任何决策都受到大脑中两套系统的影响。

作者在书中这样写道：

"近几十年来，许多心理学家对人的两种思维模式一直保持着浓厚的兴趣。这两种思维模式是由一张愤怒女性的照片和一道乘法题所引发的，他们还指出了两种思维模式的许多特征。这里我且采用由心理学家基思·斯坦诺维奇和理查德·韦斯特率先提出的术语，以说明大脑中的两套系统，即系统一和系统二。

"系统一的运行是无意识且快速的，不怎么需要我们费脑力去感觉，它完全处于条件反射的状态。系统二则需要我们将注意力转移到需要费脑力的大脑活动，例如复杂的运算上来。系统二的运行通常与行动、选择和专注等主观体验相关联。"

或许系统一和系统二的说法，理解起来有点儿复杂，所以也有人把它们称为情绪模式和理性模式。情绪模式是基于直觉本能的，反应速度很快，不一定有逻辑可言，甚至有时会让你鲁莽冲动，但这种惯性力量非常强大；理性模式则是基于认知思考的，反应速度虽然慢，但非常符合逻辑，能帮助你做出客观准确的判断，有效解决复杂的问题。

这两种模式对人类都至关重要。情绪模式增强了人类在自然世界中的反应能力，而理性模式则赋予了人类智慧，使其能够创造工具，最终成为万物之灵。系统一和系统二的特征给了我启发，当我们说关注沟通对象的时候，我们可以关注沟通过程中影响对方决策的两个关键方面：一个是我们带给对方的情绪感受，另一个是我们让对方认知到的价值意义。

◎ 情绪感受和价值意义

无论你的沟通对象是你的伴侣、孩子、同事，还是客户，他们大脑中都存在相似的决策机制，他们的任何选择都会受到系统一和系统二的影响。与其关注他们的性格、经历、教育、兴趣等，不如在一次具体的沟通中，聚焦你带给对方的情绪感受，以及让对方认知到的价值意义。

你带给他人的情绪感受，决定着他人回应你的方式。沟通的过程中，你的语言、行为会带给他人不同的情绪感受，而这些情绪感受会引发对方产生不同的本能反应。比如感动会换来别人更多的付出，而愤怒则会让人充满攻击性。好的情绪感受，会让他人更有安全感，从而展现出更友善包容的一面；而糟糕的情绪感受，则会引发对方更多的不信任感，从而产生防御性甚至攻击性的行为。

你让他人认知到的价值意义，决定着他人投入资源的多少。任何沟通都需要资源的投入，这些资源可能是时间、注意力、精力等，因为每个人能掌控的资源是有限的，所以我们希望将它们投入到更有价值或有意义的地方。沟通中你所表达的内容或某次沟通，如果无法让对方认知到大的价值意义，那么对方就会觉得在浪费时间，并可能以各种理由结束当前的对话。

情绪感受和价值意义，这两个关注点的优势在于，它们不涉及沟通对象的经历、个人标签、受教育程度或兴趣爱好，而是集中在他们当前的真实体验上。这种关注本身就有力量，通过关注对方的情绪感受，你将拥有更强的同理心；通过关注对方认知到的价值意义，你会从众多的内容中挑选出最重要的部分。极简沟通状态象限，就是基于这两个关注点发展出来的。

极简沟通状态象限

他人之所以会回应你的需要,并非出于你的要求,而是因为他们自己的需求。影响力越大的人,越懂得在沟通中从自己的世界里走出来,主动关注沟通对象的情绪感受,以及让他们认知到的价值意义。在极简沟通这门学问里,为了让关注沟通对象变得更容易,我创造了极简沟通状态象限这个工具,它是极简沟通"三剑客"工具里的第二个工具。很多读者在跟我分享极简沟通带给他们的改变时,经常会提到状态象限。接下来,我们将正式开启对这个工具的探索。

◎ 状态象限的建立

了解极简沟通状态象限之前,首先要认识什么是好的沟通状态。在发展极简沟通的过程中,我始终认为:好的沟通状态,一定不是自我感觉良好,而是沟通对象觉得不错。后来当我确定情绪感受和价值意义这两个关注点后,终于找到了一个满意的答案:最好的沟通状态,就是在和对方沟通的过程中,让对方感觉舒服,同时又觉得充满价值和意义。

没有人能时刻都保持最好的沟通状态,沟通状态一定是有好有坏的。于是我从情绪感受和价值意义这两个维度出发,定义了沟通中四种不同的状态。用纵轴来表示带给沟通对象的情绪感受(好坏),用横轴来表示让沟通对象认知到的价值意义(大小),这样我们就得到了四个象限。

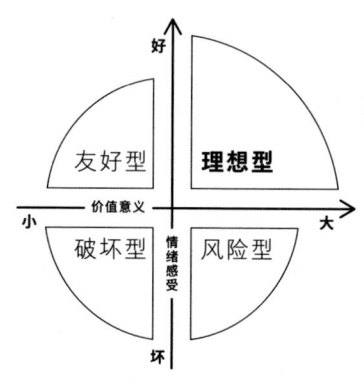

极简沟通状态象限

按照顺时针方向,我将这四个象限分别命名为友好型、理想型、风险型以及破坏型。左上角的区域是友好型,说明你带给对方的情绪感受好,但是对方认知到的价值意义比较小;右上角的区域是理想型,说明你带给对方的情绪感受好,同时对方认知到的价值意义比较大;右下角的区域是风险型,说明你带给对方的情绪感受坏,但对方认知到的价值意义比较大;左下角的区域是破坏型,说明你带给对方的情绪感受坏,同时对方认知到的价值意义也比较小。

◎ 关于状态象限的一些问题

了解四种沟通状态的定义后,你就可以在沟通中明确当前的沟通状态,并有意识地做出改变。在没有极简沟通状态象限之前,你只能用好和坏来定义沟通过程,而现在你可以用更加准确的方式来描述了。

看到这四种代表性状态,有的人可能会好奇:为什么不用数值来衡量我们在这两个维度的表现呢?这不是比用"好坏"和"大小"更精确吗?首先,极简沟通践行少即是多的理念,希望每个工具都尽可能简单。在极简主义带给我的启示部分,我就提到过简单制胜的观点。其次，对于我们带给对方的情绪感受和对方认知到的价值意义，我们只能粗略评估，而没办法精准打分，"好坏"或"大小"虽然模糊，但可以用来确定基本现状，这比用数值打分更简单。

关于状态象限，我常被问及的另一个问题是：这四种代表性状态为何被称为友好型、理想型、风险型和破坏型？其实这些状态的命名是与它们的特点对应的。理想型最好，它可以提升沟通成功的概率，是我们需要努力创造的沟通状态；破坏型是最糟糕的状态，它会破坏彼此对话的氛围，让两个人的关系变得更糟，是我们需要努力避免出现的状态；友好型和风险型算是两种不好不坏的状态，友好型虽然容易创造好的氛围，但让他人认知到的价值意义较小，沟通难以持续；风险型虽然会让他人认知到较大的价值意义，但带给他人的情绪感受很糟，很容易引发他人的抵触。

◎ 怎样判断沟通在哪个状态

现在你已经理解了极简沟通状态象限所定义的四种沟通状态，并对它们的特点有了基本了解。极简沟通状态象限的四种代表性状态，是基于对方的情绪感受，以及认知到的价值意义来确定的，因此判断当前的状态时，很多人会觉得有些困难，可能会说："我知道自己的情绪感受，但我不知道对方的情绪感受啊，这没法判断啊。"其实这恰恰是极简沟通状态象限的魅力所在，你要判断当前的沟通状态，就必须从自己的世界里走出来，去努力了解沟通过程带给他人的情绪感受，以及对方所认知到的价值意义。

这里的情绪感受，是指你的行为或表达的内容带给对方的情绪体验，可能是很好的，也可能是很坏的。而价值意义指的是对方对你沟通内容的认同程度，可能对方会觉得价值意义很大，也可能对方会觉得缺乏价值意义。要在某个具体的沟通中判断沟通状态,你可以采用以下三种途径。

途径一：通过已有的经验判断

不管你是否留意过,其实每次表达前,你都会对表达可能产生的结果进行预估。如果发现某些表达会伤到别人,你可能就会变得更加谨慎,除非你是故意的。如果我们说一个人经验丰富,就代表他对某件事可能导致的结果有事先预见性,具备一叶知秋的洞察力。通过已有的经验判断,就是基于你过去的经验主动预估对方的情绪感受好坏,以及对方可能认知到的价值意义大小。其准确性体现在能否对他人的反应准确预估,比如有些沟通还没有开始,你就已经能预估到对方的反应了。

对于沟通这件事,虽然所有人都有经验,但人与人之间还是存在能力差异的。经验不等于能力,能力也并非简单的重复,还需要你进行更多的反思和刻意练习。因为重复只会让你熟悉,而反思和刻意练习才会真正带来能力的提升。如果你在每次沟通中,都先有意识地预判你创造的沟通状态,并反思每次预判的结果,那么你就会积累更多经验,也更善于判断沟通状态。

途径二：通过观察肢体语言判断

在判断沟通状态时,如果说经验展现的是一种预见能力,那么观察则是对当前状况的敏锐洞察。我们既是表达者也是倾听者,越是能扮演好这两种角色,就越能准确判断当前的沟通状态。因为只要我们用心观察对方的肢体动作和表情,就可以知道自己带给对方的情绪感受是好是坏,也可以了解让对方认知到的价值意义是大是小。

话语在被说出来之前，往往会被人们有意识地进行筛选和处理，以避免引起不必要的尴尬。而肢体语言则反映了个人的潜意识，它基于内心的感受被直接表现出来。如果你让对方情绪感受不好，对方的脸色就可能会瞬间变得难看，即使对方刻意掩饰也依然可以被观察到。对方认知到的价值意义，你也可以通过观察他的肢体语言做出判断。比如对方变得不再专注，或者不再积极回应你，那可能是他感受到的价值意义开始变小了。

观察肢体语言最大的障碍是"自嗨"的表达。当说到自己感兴趣的话题时，你可能有抑制不住的表达欲，对他人的肢体语言信息视而不见，虽然整个过程中你会自我感觉良好，但他人的情绪感受却不一定好。为了克服这个障碍，你可以尝试采取以反馈为驱动的对话方式。具体来说，就是在表达的过程中，让对方的反馈变成一种持续的信号，你则跟随对方反馈的节奏来进行表达。假设你准备讲一个观点，可以先讲概述，然后再观察对方的反应，如果对方想了解更多，那么你再讲更详细的部分，而不是一股脑儿全部讲出来。

途径三：通过直接询问来判断

尽管经验和观察可以帮助你判断沟通状态，但这些结论都是你单方面得出的，只有直接询问才能真正从对方那里得到答案。当然，对方的反馈未必是真实的，可能会因为照顾你的感受而给予你积极的回应，即便如此直接询问依然是重要的，这向对方传递了一个信息：你在乎对方的情绪感受，也希望让沟通更有价值意义。

你可能会好奇，应该如何询问呢？询问的确不太适合直接表达，比如你直接问对方："我给你的情绪感受好不好？你觉得我说的有价值吗？"这可能会让对话变得突兀。最好的方式是通过表达自己的感受、看法或期待，获得他人在情绪感受和价值意义两个维度的真实反馈。比如你和同事进行了一场针对她最近工作表现的谈话，谈话结束后，你希望从对方那里获得关于这两个维度的一些反馈信息。你可以使用以下方式：

1. 通过表达感受，获得信息。你可以说："我们能坦诚地讨论这个问题，我挺开心的，你觉得呢？"

2. 通过表达看法，引发讨论。你可以说："通过这次对话，我们了解了彼此的想法，我觉得非常有意义，我想听听你的看法。"

3. 通过表达期待，了解看法。你可以说："我希望给你提供更多的支持，不知道有没有帮到你？"

只看极简沟通状态象限的名字，你可能会忘记它对应于沟通对象。只有当你理解背后的原因后，才会真正明白状态象限和沟通对象之间的关系。状态象限的四种代表性状态，是通过他人的情绪感受和认知到的价值意义来定义的，要判断当前沟通的状态，你就必须将注意力放在沟通对象身上，而且不能只停留于表面，还要努力走进沟通对象的心里。

在你认识极简沟通状态象限后，我将带你走进每一种代表性状态，详细了解它们的特征。不过我要做个特别的说明，前面在介绍四种代表性状态时，我从友好型开始，以顺时针为序逐个进行介绍。但接下来的探索，我们将首先了解破坏型，然后探索友好型和风险型，最后认识理想型。之所以这么做，是因为这将是一种更加有效的学习顺序。

破坏型，唯一要远离的沟通状态

在探索破坏型沟通状态之前，我们先来看一个职场沟通案例，这次沟通发生在某个项目讨论会上，是项目经理李明和团队成员张华的对话。

李明：张华，你这个月的工作进度完全没达到预期，这是怎么回事？

张华：我知道进度有些落后，这主要是因为……

李明（打断）：我不想听借口！你知道你的延误给团队带来了多大的压力吗？你这样的表现让我怎么跟领导交代？

张华：我理解这让团队压力大，但是有些问题是因为……

李明（更加激动）：问题总是有的，但你有没有想过解决方案？你就这样坐以待毙吗？你的工作态度让我非常失望。

张华：我其实有些想法和计划……

李明：现在说这些已经太晚了，我需要的是结果，而不是计划或想法。你的表现简直是在拖团队的后腿。

在这次对话中，李明的沟通方式导致了典型的破坏型沟通状态，他的话语和态度传递给张华的是批评与指责，使张华感受到被贬低和不被尊重，获得了糟糕的情绪感受。同时，他也没有给张华提供任何有建设性的反馈或解决方案，而只是一味地批评。这不仅没有帮助张华认识到问题的本质，也没有提供任何促进张华个人成长或改进项目的建议。

◎ 什么是破坏型沟通状态

破坏型在极简沟通状态象限的左下角,是四种代表性状态中最糟的一种。此状态的你不仅带给对方很坏的情绪感受,还让对方认知不到更大的价值意义,这样的沟通持续得越久,负面影响也就越大。在所有的沟通状态中,这是你唯一要主动远离的状态,因为它具有强大的破坏力,所以我将它命名为破坏型。

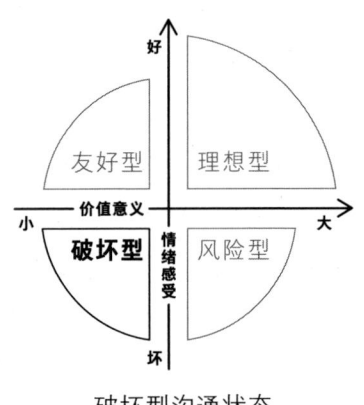

破坏型沟通状态

破坏型可能出现在任何一种沟通场景中。比如你走在大街上,可能会看到两个陌生人在吵架和彼此谩骂;来到工作单位,你可能会看到一位愤怒的上司正在训斥自己的下属;回到家里,你也可能看到自己的爱人正在对写错作业的孩子大吼大叫……每一次破坏型沟通,虽然表面看似在解决问题,实则是在制造更多的麻烦。如果你让对方情绪低落,并觉得和你聊天没有价值意义,那么沟通就会陷入破坏型状态。此刻沟通创造的价值将为负数,它所具有的破坏力,将会摧毁双方的信任关系,让分歧变多,让冲突升级,使眼前的问题变得更加复杂。

在判断沟通是否处于破坏型状态时，你必须透过现象看本质，不能被表象所迷惑。有时候沟通对象的沟通能力很强，即使你的表现很差，对方也可能依然用积极的方式回应你，此时你可能会以为带给对方的情绪感受就是好的。还比如你在向下属大吼大叫的时候，对方可能低头什么也不说，但这不代表对方的情绪感受就不糟，他们认知到的价值意义可能很小。因此，对方没有直接地表达不满，不代表你创造的沟通状态就不是破坏型。

◎ 为什么会出现破坏型沟通状态

破坏型是最糟的沟通状态，是每个人都需要主动远离的，但很多人却在不知不觉中制造出更多这样的状态。你可能会好奇，为什么沟通中很容易出现破坏型的状态呢？其实主要原因是在沟通中缺乏同理心和耐心，双方身份和立场对立，以及惩罚和攻击的冲动。

原因一：缺乏同理心和耐心

同理心在沟通中的重要性就像空气，看似微不足道，但却是一切的基础。同理心会创造安全感，让你能耐心聆听，体会到他人的感受，让对话变得有深度。一旦在沟通过程中失去了同理心，冷漠就会不断蔓延，他人的境遇你无法理解，他人的情感你也不能感同身受。这将导致你在沟通中变得非常自我，带给沟通对象非常糟的情绪感受，也难以给对方提供有价值的信息，导致沟通陷入破坏型。

原因二：双方身份和立场对立

出现分歧的时候，一定要多使用"我们"而不是"你"。因为当你说出"我们"这个词的时候，表达的是彼此共同的利益，而当说

"你"的时候，则是在指出彼此的不同。很多人在出现分歧的时候，总是陷入对抗的模式，总觉得双方是不同的，渴望改变或征服对方。这样的想法不会拉近彼此的距离，只会把对方推到一个更远的位置。

原因三：惩罚和攻击的冲动

在人际关系中，惩罚和攻击非常普遍。甚至惩罚和攻击常常被视为工具，用于改变他人的想法和行为，特别是当面对亲近的人时，这种倾向特别明显。比如当我们的伴侣、朋友、孩子做出让你不满的行为时，你可能会希望用惩罚让他们做出改变。遗憾的是这样的方式并不能解决问题，相反会让问题变得更复杂。冲动过后，你可能会后悔，但却无法改变已经带给对方的伤害。

◎ 如何改变破坏型沟通状态

破坏型沟通状态一旦出现，就会让对话过程变得艰难复杂。在这种情况下，沟通只会导致信任匮乏，而误会和问题只会更多。糟糕的情绪会开始在沟通中蔓延，彼此将不再试图解决问题，而是只顾发泄情绪，此时攻击和惩罚就变成了各自的优先选项。如果你不小心让沟通状态变成了破坏型，那该如何改变？

建议一：主动觉察破坏型沟通状态

救火最好的方式，首先永远是避免火灾出现，其次是及时发现火灾，最后才是快速灭火。同样的道理，关于破坏型沟通状态的改变，最重要的是：一定不要让沟通状态变成破坏型。如果破坏型沟通状态难以避免，那么你至少要及时识别它。糟糕的沟通状态之所以会持续，是因为它们总是被忽视。如果你能觉察到此刻的沟通状态是破坏型，就意味着你已经开始关注沟通对象了，也知道这种状态会带来什么样的后果。虽然此时你可能还在破坏型沟通状态中挣扎，但已经超越了很多人。

建议二：从自己身上反思问题

沟通中最可怕的是，有些人明明制造了很糟的沟通状态，但把责任都推给别人。在他们看来，对方有不好的情绪感受，说明沟通对象太敏感了；对方无法认知到大的价值意义，说明对方太笨了。反正都是别人的问题，他们从来不会自我反思。你一定会觉得这样的人很讨厌，但其实你也有可能成为这样的人。所以，当沟通处于破坏型状态时，我们一定要反思自己哪里做得不好，而不是总觉得都是别人的问题。当我们学会承担责任的时候，也就能降低制造破坏型沟通状态的概率。

建议三：必要时暂停对话

如果你非要在一场对话中，完全实现自己的沟通目标，就等于是给自己提了一个很高的要求。即使是沟通高手，也无法保证每一次对话都能成功。很多沟通高手并不执着于让每次沟通都成功，而是让每次沟通都有价值，都能为下一场谈话提供支持。一次次沟通的成果累积，让他们最终实现了沟通目标。因此，当沟通遭遇困难时，你无须纠结，而应该先选择暂停，等待双方状态好转后再重启对话。

以上内容，虽然不能让你立即远离破坏型沟通状态，但当你了解破坏型沟通状态可能引发许多问题后，自然会尽量避免它的出现。你最初不知道怎么做很正常，但随着持续努力，你远离破坏型状态的能力就会增强。避免成为一个制造破坏型沟通状态的人,不仅会让你成为更好的自己,你的父母、伴侣、孩子、同事,甚至客户,也都会成为你改变的受益者。

友好型，为什么问题总难以解决

开始探索友好型沟通状态之前，我们同样来看一个沟通案例。小强本来和妻子小美约好了周六下午看电影，但是当领导约他周六去打球时，小强不好意思拒绝领导，于是准备周五晚上跟小美解释一下，希望获得小美的原谅。以下是小强和小美的对话。

小强（内心忐忑）：亲爱的，实在对不起，原来我们约好周六下午一起看电影，但是我又答应了跟领导周六去打球。我知道我错了，下班后就赶紧去买了你喜欢的花，向你道歉。

小美（没有生气）：我其实挺生气的，看你态度不错，就原谅你吧。我们已经定好了周六的时间，你就不应该再答应别人了，你总是不会拒绝别人……

小强（表现出委屈）：前天领导约我，我觉得拒绝不是很好，就答应了他。唉，我们改天再去看电影吧。

小美（非常认真）：看电影的事，我原谅你了。不过我觉得你的想法不对，我们一起聊聊如何拒绝这个问题吧。拒绝他人没什么不好意思的，你也有自己的生活呀，你要学会拒绝。

小强（转移话题）：我们不讨论这个话题了，不要担心，我知道该怎么办。我们就定下周去看电影吧。

在这次对话中，小强知道爽约会让小美的情绪感受不好。为了表达歉意，他做了准备，带给小美的情绪感受还不错。但在对话中，小美想和小强认真讨论拒绝的问题，可小强却不想探讨这个问题，通过转移话题试图结束这次对话。站在小美的角度，这次沟通显然是缺乏价值意义的。

◎ 什么是友好型沟通状态

友好型在极简沟通状态象限的左上角，在四种代表性状态里它算是中间状态。在这种状态下，虽然对方的情绪感受是积极的，但对方无法从你的表达中认知到更大的价值意义。有时候友好型状态能为不熟悉的人或存在冲突的人，提供缓冲作用，维持某种对话基调。比如我们跟某些人的寒暄，不提供价值，只表达友好。但如果沟通长期处于这种状态，对方就可能会感到无聊，甚至觉得在浪费时间，积极的情绪体验也会逐渐消失，最终沟通状态变成破坏型。所以，我将这种状态命名为友好型。

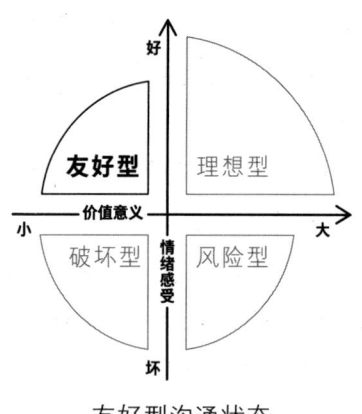

友好型沟通状态

友好型沟通状态很常见，比如早上出门，你和邻居在等电梯的时候聊了最近的天气，电梯来了你们一起下楼，然后道别；中午你和从未谋面的客户一起吃午餐，在最初见面的十分钟里，你们聊了聊各自来这座城市的时间，以及对城市的印象……这些对话，虽然从内容来看谈不上什么价值意义，但却创造了愉快的沟通氛围。

在评估友好型沟通状态时，我们可能会因对方的礼貌行为，误认为他们的情绪感受很好，实际上他们的情绪感受可能不好，但我们没有察觉到，依然自我感觉良好。通过提升自己对表达内容的觉察力，可以有效避免这种情况发生。你可以在表达任何内容之前，先换位思考一下，想想如果这话是别人跟你说的，你会有怎样的情绪感受。友好型是一种中间状态，要长期维持有点儿困难，如果有必要，还是应该朝着理想型努力，去提升自己沟通内容的价值，而不是止步于友好型。因为对话的内容缺乏价值，再好的氛围也会逐渐冷却。

◎ 为什么沟通会处于友好型状态

很多人可能会有这样的困惑：既然我能带给他人好的情绪感受，为什么就不能让他人认知到更大的价值意义呢？前面我们聊过，我们的大脑中存在两种系统，情绪感受好，不等于认知到的价值意义大，你创造的沟通状态之所以是友好型，主要的原因可能是你对沟通对象不了解，也可能是双方不希望关系过于亲近，或是你缺乏必要的信息和技能。

原因一：对他人不了解

沟通既发生在熟人之间，也会出现在陌生人之间。面对熟人，你知道他重视什么，说什么会让他觉得有价值。但面对陌生人，你根本不知道他对什么感兴趣，或者目前存在怎样的困惑，因此你讲的内容，对方很可能会觉得无趣。当然，互不了解的也未必都是陌生人，现实中也存在很多熟悉的"陌生人"；彼此朝夕相处，你也不一定能了解对方的期待。对沟通对象的不了解，会导致彼此的沟通状态处于友好型，此时对方情绪感受不差，但却无法在沟通中认知到更大的价值意义。

原因二：不想关系变得更近

在人际交往中，你可能希望和所有人都保持友好的关系，但并不想靠近每个人。友好意味着双方的相处舒适、无冲突。而靠近则意味着彼此深度了解，需要向对方展示更多真实的自己。因此，对于生活和工作中遇到的大部分人，我们都只想和他们维持一种浅度关系，绝大部分对话也仅仅是为了维持关系。例如，在某个场合中，你可能会友好地与人交谈，聊些琐碎的话题，甚至说一些"废话"，以避免双方出现尴尬的情绪，这就创造了友好型状态。

原因三：某些信息或能力缺乏

若你的沟通对象期望从你这里获得专业建议，但你无法满足这些期待，仅能以热情友好的态度回应，那么这样的沟通状态就是友好型。就像你在某处迷路了，向一位大爷问路，大爷非常热情，先是赞美了你一番，还跟你强调这个地方很美，但就是不知道你要去的地方，那么这样的对话虽然会让你感觉友好，但却毫无帮助。还比如你要向一位专业人士请教，对方态度很好，却答非所问、含糊其词，此时你一定也会觉得这样的对话没有意义。

◎ 面对友好型该做些什么

友好型沟通状态不完美，但是也可以带来很多好处。并不是所有的对话，一开始就能带给对方价值感。在愉悦、放松的对话氛围中，沟通更有可能从浅层次走向深层次。不熟悉的两个人初次见面时，可能存在人际交往压力，而友好型沟通状态有助于避免尴尬。此外，当两个人出现分歧的时候，友好型沟通状态也会释放善意，提升彼此的信任度，为化解冲突创造条件。

当然，我们必须明确友好型沟通状态自身的问题。尤其在职场中，如果你的上司无法认知到大的价值意义，就会给你贴上能力不行的标签，而你可能会错过一些重要的机会。另外，友好型离破坏型很近，如果长时间不能让对方认知到大的价值意义，对方的情绪感受也会逐渐转变为无聊、焦虑，甚至开始愤怒。那么面对友好型沟通状态，我们该做些什么呢？

建议一：用提问发现和创造需求

在沟通中，提问的力量总是被严重低估，很多人从来不会提问题，总是在拼命给答案。大量缺乏洞见的答案，远远不如提出一个好问题。在表达的时候，一个好的问题就像一包"炸药"，能在对方的认知中炸出一个"洞"，或者为对方带来认知"塌陷"，从而对你提供的内容产生强烈的好奇心。不会提问的人，不懂得创造这种需求，所以表达的内容会让对方无法认知到大的价值意义。当你发现沟通处在友好型的状态时，与其自己绞尽脑汁想更好的答案，不如把问题交给对方，也可以直接询问对方：你觉得哪些内容更值得讨论？

建议二：用对方能理解的语言表达

若对方无法认知到大的价值意义，有时问题并非出于内容本身，可能是由表达的方式不当造成的。某家公司的产品经理和营销负责人经常抱怨或指责对方，营销负责人期望在产品中加入某项功能，然而产品经理认为这项功能无关紧要。后来营销负责人换了一种表达方式，他会描述某个用户在特定情境下使用产品的过程，并说明产品在哪些角度无法满足用户的需求，没想到产品经理的态度因此发生了神奇的转变，开始变得更容易接受建议了。转变的背后，就是营销负责人学会了使用产品经理所认可的表达方式。

如果你总是创造出友好型沟通状态，那就说明你不缺少情绪觉察力。这是个好现象，说明你在表达的时候，会很自然地观察他人的情绪感受，会尽量让他人感觉舒服。我们常说"先处理情绪，再处理事情"，这是非常明智的选择。如果你无法妥善处理沟通中出现的负面情绪，就会让沟通逐渐失控。不过你也要意识到能力的局限性，如果你的表达没有让他人认知到更大的价值意义，接下来你就需要在让他人认知到更大价值意义的维度上修炼自己，以放大沟通的价值。

风险型，为什么你总被他人反对

在探索风险型沟通状态之前，同样让我们先来看一个沟通案例。这次沟通的背景是，一对父母在一次学期末考试后，对孩子的成绩和学习态度进行了严厉的批评。以下是他们和孩子之间的对话。

父亲（显得很失望）：我和你妈看了你的成绩，这完全不是我们期待的，数学竟然只有70分！

孩子（防御和沮丧）：我已经很努力了！你们根本就不知道题有多难！你们根本就不知道我在学校的压力有多大！

母亲（声音提高）：努力？我们看到的是你回家后总是先打游戏，而不是先做作业，这就是你说的"努力"吗？

孩子（愤怒）：我也需要放松好不好！你们总是这样对我，真的很烦！

父亲（严肃）：说你两句，你就烦了！放松没问题，但你的优先顺序完全错了。如果成绩一直提不上去，你就考不上重点高中了，我们是想帮你。

母亲（坚定）：我们严厉，是因为我们关心你的未来，我们希望你能认识到学习的重要性。

孩子（泪眼婆娑）：我……我明白你们是为我好，我也知道学习是优先做的事情。好吧，我会努力平衡的。

在这次对话中，孩子因为父母的批评而产生了糟糕的情绪，尤其是在父母没有看到自己的努力，只看到自己打游戏时出现了愤怒的情绪。不过孩子也明白父母是为自己好，理解父母所说的观点，也能认识到合理安排时间、专注学习的重要性。最后他们虽然停止了对话，但我们看得出来孩子依然感到委屈。这对父母创造的沟通状态就是风险型。

◎ 什么是风险型沟通状态

　　风险型在极简沟通状态象限的右下角，它和友好型一样都属于中间状态。虽然带给对方的情绪感受较差，但是让对方认知到的价值意义却较大。人们常说"良药苦口利于病，忠言逆耳利于行"，忠言之所以不容易被接受，并不是因为人们讨厌忠言本身，而是因为忠言实在不怎么好听，甚至很刺耳。感受不好，也就容易引发他人的抵触和攻击。基于这样的特点，我将这种状态命名为风险型。

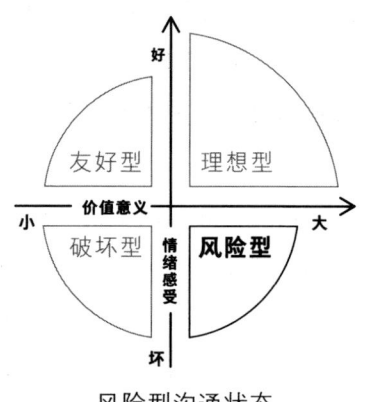

风险型沟通状态

　　风险型沟通状态，有时候是你刻意为之，有时候是你的无心之过。比如公司会议上，面对上司和同事轻视竞争对手的情况，你表达了竞争对手的优势，以及团队可能面临的风险。虽然上司和同事没说什么，但你明显感觉到自己像个异类，原先愉快的氛围此时也会变得令人尴尬。再比如女朋友在试穿一件衣服，她问你觉得怎么样，你回答说她太胖了，该减肥了，你说的或许是实话，但她一定会很生气。

需要特别注意，我们很容易把自己认知到的价值意义，看作他人认知到的价值意义。有时候对你来说很重要的事情，你会默认对别人来说也是如此。此时你制造的可能是破坏型沟通状态，并不是风险型。

如果他人表达了不同看法，你可能会努力说服对方，如果对方还是坚持自己的看法，你就会觉得对方不可理喻。明知道说服可能让他人情绪感受不好，却还是会这么做的人，经常会把一句话挂在嘴边："只要是正确的事，对方如果无法接受，那就是他太脆弱了。"于是为了坚守自己所谓的正确立场，而完全忽视对方的情绪感受，甚至以爱的名义带给对方伤害。

在亲密关系中，风险型沟通状态可能会导致关系的疏远。例如，在情侣沟通过程中，很多男生出于理性思维模式，往往会让沟通处在风险型。当沟通出现分歧时，他们很容易忽视女生的情绪感受，试图通过讲道理来解决问题，但效果往往很差。因为越是讲道理，女生越会觉得自己被忽视，她们需要的是被关心在乎，而道理带给她们的恰恰是冷漠。此时，风险型沟通状态，就会逐渐演变成破坏型。

◎ 什么导致了风险型沟通状态

没有人喜欢被否定，即使你说的都是对的，即使你的初心真的是想帮对方变得更好，但是对方心里还是会不舒服，表现出更多的抵触和对抗。提出反对意见，还期望对方能愉快接受，甚至想让对方积极回应，这其实是对他人的高标准要求，并不是所有人都能轻易做到。接下来，让我们看看到底是什么导致了风险型沟通状态。

原因一：热衷于改变他人

很多人在创造了风险型沟通状态后，还表现得愤愤不平，甚至有些委屈："我说的都是对的，我都是为他好，结果他还给我脸色看。"风险型沟通状态经常出现在我们为他人提供反馈的时候，许多父母和伴侣希望他们所爱的人能变得更好，因此把改变对方视为自己的责任。他们总盯着别人的不足，于是提出很多建议和要求。职场中类似的现象也时常发生，很多领导对自己的下属有很高的期待，总是试图通过表达否定来促使对方成长，但这样的方式往往会适得其反。

在沟通中，我们需要理解爱一个人，首先就要欣赏他的独特性，并给予他充分的肯定，然后再去帮助他变得更好。大部分人往往忽视了前面两个环节，他们没有意识到对方的独特性，也没有给予他人足够的肯定，只是单纯地通过提出建议来改变对方。

原因二：强势的表达习惯

我在讲到风险型沟通状态的特点时，很多人告诉我，他们想到了身边那些强势的家人和朋友。的确，具有强势表达习惯的人，很容易创造出风险型沟通状态。强势的人，在表达过程中常常显得霸道，以一种几乎无法反驳的态度与他人交流。他们的初心也许是善意的，说的内容也是正确的，但这种姿态和表达方式却总是让人很不舒服。强势的表达习惯背后，往往隐藏着一颗脆弱的心，他们之所以摆出一副不可拒绝的姿态，是因为害怕别人的拒绝，难以承受别人的不同看法。但事实上，这样的方式只会引发更多的抵触，带来更多的拒绝。

原因三：人际关系中的厌恶

你认为自己只要足够尊重对方，同时说的内容很重要，就一定能让沟通处于理想型状态，但其实并不是你想的这样。面对讨厌你的沟通对象，你的表达并不会带给对方好的情绪感受，且即使他们心里认为你说的是对的，也会表现出更多抵触。在这样的背景下，你创造的沟通状态要么是破坏型，要么就是风险型。人际关系中的厌恶，会让彼此在沟通一开始就缺少信任感，缺乏信任的沟通就会举步维艰。

◎ 面对风险型沟通状态该怎么办

风险型属于四种沟通状态里的中间状态，虽然不像破坏型那样完全有害，但也需要尽量远离。因为在风险型沟通状态下，对话很容易变成两个人的争吵，本来简单的问题也会变得更复杂。这里我之所以说"尽量"，是因为有时候风险型也有价值，它可以实现重要的反馈。人与人之间出现冲突，未必都是有害的，冲突的过程中彼此可能会共享更多信息。直接且刺耳的表达，尽管可能让人不那么舒服，但也可能让对方醍醐灌顶，认识到某些真相。

即便如此，风险型沟通状态还是如它的名字一样，会让沟通陷入某种风险之中，它是你在无法创造出理想型沟通状态时的一种被迫选项，尽量不要主动选择。那么，当你发现自己的沟通陷入风险型状态时，该做些什么呢？

建议一：让建议变得更能引起共鸣

如果你的正确建议被对方拒绝，很可能是因为你的建议看似正确，但并未真正引起对方的共鸣。比如每到冬天就有人会调侃说"有一种冷,叫你妈觉得你冷",妈妈苦口婆心地让你穿秋裤,可你却不想听。因为即使她说的可能是对的,也无法引起你的共鸣,所以你并不愿意按照她的建议去做。更善于提出建议的人,不只是追求建议的正确性,还会追求这个建议是否能引起对方的共鸣。你需要铭记:建议只有在对方乐意接受时,才能真正发挥作用。

建议二: 不要让沟通成为辩论

沟通不是为了把对方推得更远,恰恰是希望让彼此靠得更近,是为了让心与心有连接。而当你让沟通处在风险型状态时,等于在促使对方成为你的反对者。你无法通过讲道理击败一个人,一旦沟通变成辩论,你就把他人变成你的反方,他人会从自己的认知经验里,寻找所有能击败你的观点和例子,被迫和你辩论。几乎很难有一种观点是绝对正确的,只要对方想反对,就一定能找到反对的理由。当你觉察到沟通处在风险型状态时,就一定要避免让沟通成为一场辩论。

法国作家拉·封丹曾创作过这样一个寓言故事:北风和南风打赌,看谁能把行人身上的大衣脱掉。北风呼啸而至,希望吹掉行人的衣服,结果行人为了御寒,反而把大衣裹得越来越紧;温暖的南风开始徐徐吹拂,行人觉得身体越来越暖和了,便逐渐解开扣子,最后脱掉了大衣。风险型和友好型虽然都在理想型附近,但是从风险型到达理想型的路并不好走。一方面对方会因为情绪感受坏,而强烈地反对你,另一方面你自己也会觉得持有正确的观点,从而陷入一种盲目的优越感里。

沟通不是单向的灌输,更不是用道理或逻辑征服对方,首先需要引发对方的感同身受。而当沟通处于风险型状态时,你提供的只是一些正确的道理，或逻辑上无法辩驳的结论，它们的影响力是非常有限的。只有当你认识到这些问题，并努力带给对方好的情绪感受时，才能真正用沟通解决问题。

理想型，要努力创造的沟通状态

你已经熟悉了破坏型、友好型和风险型沟通状态，现在，让我们一起探索理想型沟通状态。在具体探讨之前，还是先来看一个沟通案例。对话的背景，是公司的两个部门因资源分配问题发生冲突，其中一位部门经理艾米，正准备跟另一个部门的李经理协商解决这个问题。虽然对方一开始态度很不友好，但最终两人还是通过沟通解决了问题。

艾米：李经理，我知道最近因为预算和团队成员的分配我们之间出现了一些误解和冲突，我想和你沟通一下，共同讨论出一个解决方案。

李经理（态度冷淡）：我不觉得和你有什么好谈的，你们部门的人表现得自私自利，我没法信任你们。

艾米：我理解你的担忧和感受，正因为我们之间存在一些沟通的障碍，这才导致了误会。我之所以过来，就是希望我们能坐下来，能面对面地理解彼此的真实需求。我想我们的目标是相同的，而且我也很认可你对工作认真负责的态度。

李经理（态度依旧冷淡）：好吧，你想说什么？

艾米：非常感谢你能放下成见，和我一起解决问题。关于预算和团队成员的分配，我们是否可以考虑一个更加灵活的共享机制？比如，可以共同创建一个资源池，既包括预算，也包括人员，然后再根据项目的实际需求灵活调配。

李经理（态度有所缓和）：这听起来不错，要不试一试吧。

艾米：太好了，相信只要我们一起努力，一定能找到最佳方案。

有些沟通情境，很容易发生冲突，因为沟通开始时，对方的情绪感受就很差。但厉害的沟通者会在开始对话前，就努力让对话处在积极正向的氛围里，表达的内容也能让对方认知到大的价值意义，这样的沟通状态就是理想型。

◎ 什么是理想型沟通状态

理想型位于极简沟通状态象限的右上角，代表此时的沟通不仅能给对方带来积极的情绪感受，还能让对方意识到大的价值意义。所有美好的沟通时刻，都具备这些特征。彼此沉浸在对话里，你的表达会让对方感受到被尊重、被理解，并觉得受益匪浅。在这样的沟通状态中，人与人之间的距离会被拉近，再棘手的问题似乎也能迎刃而解。这种状态是最理想的，是我们要努力创造的，所以我将它命名为理想型。

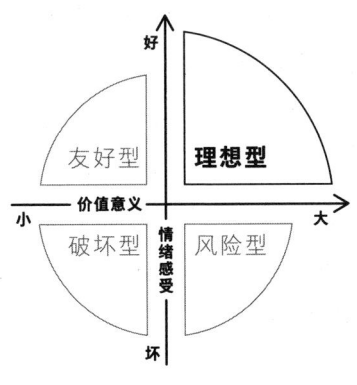

理想型沟通状态

理想型沟通状态，会让你的工作和生活变得更好。比如你在工作中出错了，本以为同事会抱怨和指责，没想到她却表达了理解，肯定了你的努力，而且还放下手中的工作和你一起解决问题。你很感动，也庆幸身边有这样的同事。你看，能创造理想型沟通状态的人，总是能让眼前的一切变得更美好。

创造理想型沟通状态的过程中，一些人可能持消极悲观的态度，认为理想型只是一个美好的构想，在现实生活中很难实现。要想让沟通始终处于理想型状态的确不容易，但如果只是在某个时刻做到理想型却并不难。与前面说的这种消极悲观的看法不同，有的人则会盲目乐观，他们以为只要是理想型沟通状态，就能保证沟通一定成功。其实不然，理想型沟通状态定义的只是沟通过程，而不是沟通的最终结果，虽然理想型沟通状态能极大提升沟通成功的概率，但并不能保证沟通一定能成功。

◎ 理想型沟通状态会带来什么

理想型沟通状态，不仅仅是最好的一种状态，也是我们沟通的过程目标。极简沟通致力于帮助你成为沟通高手，将艰难复杂的沟通化繁为简，除了通过核心原则让你远离陷阱式信念之外，还帮助你创造出理想型沟通状态。不管你面对的沟通场景多么艰难复杂，只要你能创造出理想型沟通状态，都会让沟通变得更简单。理想型沟通状态可以促进沟通双方的关系发展，解决复杂的沟通问题，化解已有的分歧和冲突，提升目标实现概率。

好处一：促进关系发展

建立关系的核心是产生信任，但信任并不会在人与人之间凭空出现,沟通发挥了重要的作用,通过共享更多信息,让彼此间的信任从无到有。任何一段美好关系的背后都有沟通的身影,而关系的疏远也会反映在两个人的沟通当中。为什么有的人更善于获得别人的信任呢?如果你仔细观察他们的言行举止,去了解他们与人相处的过程,就会发现他们更善于创造理想型沟通状态,或许他们不知道理想型沟通状态是什么,但他们建立的沟通过程却符合理想型的特征。

好处二:解决复杂问题

每个复杂问题的解决,往往不是靠一个人就能搞定的,而是需要汇聚群体的智慧和力量。因此,能得到他人支持的人,一定拥有更强大的解决问题的能力。他们在资源稀缺的现实中,能获取到更多资源,联合他人的力量攻克眼前的难题。每个人都想得到别人的支持,但别人为什么要选择支持你呢?如果你能创造出理想型沟通状态,就意味着你真正关注沟通对象的需求,在沟通中能让他人既感觉舒服,又容易产生认同感,自然他人也就更愿意支持你、成就你。

好处三:化解分歧和冲突

面对分歧和冲突,不同的沟通方式,会产生完全不同的结果。有的人以征服的姿态开启对话,希望他人放弃自己的见解和选择,这种方式或许偶尔会奏效,但大部分时候会引发人与人之间的"战争"。在理想型沟通状态下,你会有意识地给予对方积极的情绪体验,营造一个安全且舒适的对话空间,并在此基础上为对方提供更多深刻的见解和价值。沟通也许不能消除客观的分歧和冲突,但却可以让沟通双方达成更多共识。

好处四：提升目标实现概率

沟通的过程好，不代表沟通结果一定就好，但好的过程更有可能得到好的结果。忽视对方的情绪并采取直接且粗暴的沟通方式，有时可能有效，但这种方式的成功概率几乎是微乎其微的。理想型沟通状态，可以为你的目标实现创造一个好的条件，从而提升目标实现的概率。举例来说，如果你想说服客户接受你的方案，就可能会详细列举方案的优点，并竭尽全力达成自己的目标。但如果此刻的沟通在破坏型状态，你带给对方的情绪感受很糟，而且无法让对方认知到大的价值意义，显然这不会让你的沟通目标实现。

◎ 获得理想型沟通状态面临的阻力

很多人可能会说：我知道理想型是最好的沟通状态，我也想让每次沟通都在这种状态，可是很难做到呀。并非所有沟通都难以达到理想型，有时候你会遇到一些人，他们本来就很喜欢和认可你，也总是能从积极的角度解读你表达的内容。在和他们沟通的时候，你就能很容易地创造出理想型沟通状态，你的表达会让他们感受到积极的情绪，而且他们也会主动在你的话语中寻找有价值的信息。当然，与之相对的，面对那些讨厌你的人，不管你怎么努力，可能沟通状态都是破坏型。

我们与大多数人的关系是中性的，对彼此没有特别的喜爱，也谈不上讨厌。即便如此，要让每次沟通都达到理想型也不容易，我们会面临一些阻力。

阻力一：自我视角的惯性

理想型沟通状态，不只是代表对他人的重视，更代表能以他人为中心进行对话。这对许多人来说，是一个不小的挑战，因为我们在思考问题或进行表达的时候，总是会从自我视角出发，这种惯性使我们总是优先关注自己的情绪以及对价值意义的判断。要想创造出理想型沟通状态，我们就需要打破这种自我视角的惯性，真正地从自己的世界里走出来，从自我视角转换为他人视角，去感受他人的情绪感受，去了解他人认知到的价值意义。这种转换说起来容易，但要真正改变，需要一个持续训练的过程。

阻力二：沟通过程的不确定性

"沟通"这个词是抽象的，在具体沟通情境中充满了各种不确定性，你会遇见不同的对象，沟通也会发生在不同的场景。即使你知道跟谁沟通，也知道在哪里沟通，实际的沟通过程也是不确定的，因为你不知道对方会说什么、有哪些期待。因此，想要得到理想型沟通状态，你就需要根据实际现状，去回应对方的想法和期待，这意味着你要在不确定性中创造确定性。

阻力三：要同时满足两个维度的要求

你可能听过很多沟通建议，比如要对他人表达赞美和肯定，要有沟通目标，要控制好自己的情绪，等等。通过状态象限你会发现，大部分建议是针对某个维度的。但是只提升某个维度，就只能得到友好型或者风险型沟通状态，而要得到理想型沟通状态，你需要在情绪感受维度，以及价值意义的维度都表现不错。不只需要你有较强的同理心，还需要你有洞见和思考力，能提供一些对方所需要的重要信息。

现在你已经完全认识了四种代表性状态，我希望你能在未来的任何一次沟通中，都拥有对沟通状态的觉察力。以前当一场对话结束的时候，你可能会在心里说"我感觉很好"，而现在我希望你会在心里说"我创造了理想型沟通状态"。当你学会在每次沟通中，都先去判断此刻创造的沟通状态时，就会开始自然地关注沟通对象，这将是一次重大的成长和改变。

如何才能获得理想型沟通状态

虽然我们期待每次沟通都拥有理想型沟通状态,但要真正创造出这样的状态不仅需要内在的动力,还需要具备相应的能力。这种能力具体表现为,面对不同的沟通对象,不仅能带给对方好的情绪感受,还能让对方认知到更大的价值意义。

那么具体该怎么做呢?虽然每个沟通对象都不同,但他们身上一定存在共同点,要想得到理想型沟通状态,我们必须从这些共同点入手,寻找对大部分人有效的方法。比如你不认识我的某个朋友,也不知道他来自哪里,更不知道他喜欢什么,但你一定可以猜到:真诚的赞美和肯定,一定会让我这位朋友感受较好,而无端的指责和否定则一定会让他的感觉很糟。接下来我会带你探讨两个问题:怎样让他人拥有好的情绪感受,以及如何让他人认知到更大的价值意义。

◎ 怎样让他人拥有好的情绪感受

很多人持有这样的看法:面对喜欢我的人,我什么都不做,对方也会有很好的情绪感受;而面对讨厌我的人,不管我做什么,对方的情绪感受都不会好。这样的看法虽然反映了一些现实,但会引发一个问题,那就是我们会在潜意识中得出一个结论:他人情绪感受的好坏跟自己没关系,从而变得消极被动。其实你遇到的大部分人和你都是平常的关系,对方对你的喜欢或讨厌,很可能都是由你的表现所引发的。我们可以有意识地关注自己在沟通中的表现,通过一些有效的途径，带给他人更好的情绪感受，从而让沟通更靠近理想型状态。

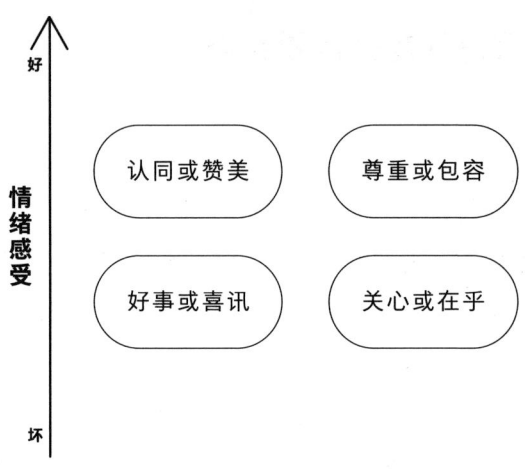

提升情绪感受的途径

途径一：认同或赞美

几乎每个人都希望自己表达的内容能被认同，如果你能满足他人的这种需求，就能带给对方不错的情绪感受。比认同更进一步的，是真诚而又具体的赞美，这会让对方觉得自己被看见，自己的努力被他人肯定。

认同与赞美背后的原理是相似的，都是提升个人的自我认可程度。当然，这里提到的认同或赞美，并非惹对方生气后的临时抱佛脚。如果你得罪了某个人，对方此刻正在气头上，你想通过赞美或认同去改变对方的情绪感受，可能就不会立即奏效，因为这时候你表达的内容，会让对方产生不信任感。不管任何时候，我都不建议你刻意地表达认同或赞美，因为这只会让对方感觉虚假。最好的方法是，先寻找对方身上真正让你欣赏的闪光点，然后再真诚地向对方表达你的看法，而不是胡乱地赞美。

途径二：尊重或包容

如果对方的想法和你的不同，但你能尊重对方的见解，并给予包容，就能（这本身能）给对方带来较好的情绪感受。当然，具体的效果，还取决于你和沟通对象的身份关系。如果你本身有较大的影响力，或者处于优势地位，你的尊重或包容，就更能带给对方好的情绪感受。比如你跟晚辈或下属沟通，你的尊重或包容会让对方很感激；但面对你的长辈和上司，尊重或包容会被对方看作是你应该做的；而针对平等的关系，在双方出现分歧时，尊重或包容则可以让对方获得更多的安全感，也将更有助于双方进行深度对话。

途径三：好事或喜讯

我们都希望遇见好事，听到好消息。如果你表达的内容对他人而言是个好消息，他人的情绪感受自然是好的，但如果很不幸是坏消息，那么对方的情绪感受自然不会好。当然，消息的好坏，除了取决于信息自身的特征之外，还取决于个人的解读。比如你的同事要被调到另一个岗位，如果他不太想去，调岗对他来说就是个坏消息。但如果换一个角度看，也可能是好消息，比如他可能因此学到新技能，这对他未来的发展有利。我们虽然没办法决定信息本身的属性，但却可以在表达的时候注意到其中积极的部分，通过对信息的再次加工，让对方看到乐观和积极的方面，从而带给对方好的情绪感受。

途径四：关心或在乎

沟通的过程中，人们会主动识别你的表达中所包含的关心或在乎,不同的态度可能带来不同的情绪感受。在冷漠的环境里,关心或在乎就像阳光,让人觉得温暖。关心和在乎即使隐藏在语言及行为背后,我们也能识别到它们。当你经历挫败的时候,你的朋友们会愿意放下手头的工作,主动陪在你身边,安慰你,给你加油打气,他们的这些行为和语言,就是让你产生幸福感的重要因素。

◎ 如何让他人认知到更大的价值意义

要想创造理想型沟通状态,仅仅带给他人好的情绪感受还不够,你必须让他人从你的表达中认知到更大的价值意义。有时候我们深信自己表达的内容有价值,但别人或许会觉得全是废话,这可能会让我们非常失落,甚至感到愤怒,但也能促使我们反思自己表达的方式和表达的内容。

听我这么说,很多人可能会觉得不公平,自己分享的内容明明真的很有价值,可对方还是无法理解。如果真是这样,那我们更得反思自己,为什么不选一种更能被对方接受的表达方式呢?接下来,我依然会提供四条途径,帮助你在沟通中带给对方更大的价值意义。

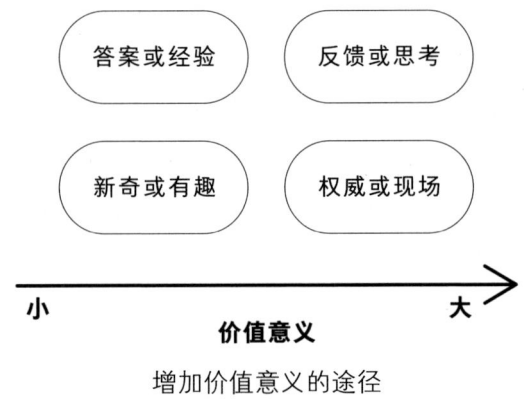

增加价值意义的途径

途径一：答案或经验

每个人都有自己关心的问题，如果你提供的内容恰好是对方需要的答案，也许是你的专业所长，也许是你解决问题的有效经验，那么这些内容对他人来说是有价值意义的。这里我无法告诉你，什么是对方需要的答案，但只要你主动观察和思考，就可以明确对方的问题是什么。要想给别人需要的答案，一定要弄明白对方的问题，明确问题之后，还需要研究这个问题，以确保自己能给出好的答案。千万不要不懂装懂，这不仅会让对方觉得与你的沟通没有价值，而且还会让对方质疑你的人品。如果实在不知道答案，或者没有经验，不妨直接告诉对方你不知道。

途径二：反馈或思考

成为更好的自己，几乎是每个人内心的期待。对于那些能让自己变得更好的信息内容，我们会觉得它们更有价值。如果你表达的内容，能为对方提供一些真实的反馈或引发对方思考，对方可能就会认为这次沟通很有意义。这里的反馈是让对方看到他们之前没有注意的部分，而思考指的是让对方获得一些新的认知。很多人好为人师，以过来人或导师的身份表达观点，希望对方觉得很有价值，但效果未必理想。对于反馈或思考，最好以朋友的身份进行分享，这样更有可能被对方接受。

途径三：新奇或有趣

好奇心一旦被激发，哪怕是最保守的人，也愿意跟随你探索未知的世界。为了让他人认知到更大的价值意义，你可以为对方提供新奇有趣，或未曾听闻的内容和信息，以便激发对方的好奇心和求知欲。这一点我们可以从人们对故事的热情中得到验证。我们天然地喜欢故事，很容易沉迷于故事的情节、人物关系，以及最终的结局。如果你能通过一个故事转述你想要表达的观点，那将会是一个不错的选择。

途径四：权威或现场

如果你是某个领域的权威人士，或者表达的内容有权威研究机构的背书，那么你所提供的内容更有可能被视为可信的，更可能会让对方觉得有大的价值意义。即使你不是权威人士，如果你在现场，或者是某些事的亲历者，你的表达也可能会带给他人更高的价值感，因为你提供了一手的信息。权威或现场是我们在无法判断信息真假的情况下，根据他人身份或环境而做出价值判断的依据。虽然这种判断未必完全正确，但这种判断途径却相对高效。通过这种途径，我们也可以提升表达内容的价值感。

◎ 理想型沟通状态创造的加分项与减分项

怎样创造出理想型沟通状态？前面已经给了你许多途径，但这些途径的方向都是正向的，都是在告诉你要做什么，而没有说不要做什么。因此，这些途径我们可以看作是加分项。如果你能按照这些途径去沟通，就能更靠近理想型沟通状态。比如你在沟通中表达了认同或赞美，那么对方的情绪感受就会更好一些；你给了对方需要的答案，对方就会觉得沟通更有价值意义。除了这些加分项，其实还存在减分项。

事实上，前面这些建议的反面就是减分项。从情绪感受这个维度来说，如果你表达的是质疑或指责、侮辱或刻薄、传递坏消息、表现得冷漠和无视对方，就会瞬间带给对方糟糕的情绪感受；在价值意义这个维度，当你答非所问、说出更多陈词滥调、提供的内容无聊枯燥、讲述道听途说的虚假消息时，对方就很可能会觉得你的表达毫无价值，甚至会结束谈话。所以，要获得理想型沟通状态，不只要做加分项，还要警惕减分项，因为减分项对沟通的破坏力更大。

前面我们探讨的这些途径，并不是唯一有效的，你可以把它们看作是基础，并继续探索更多的或更适合自己的途径。不过相比于获得更多的途径，我更希望你能熟悉前面提到的这些途径，并把它们融入自己的生活和工作。因为仅仅只了解这些途径是不够的，创造理想型沟通状态，是一种需要不断训练才能具备的能力，是我们成为沟通高手的关键一步。

如何用状态象限简化艰难复杂的沟通

所有沟通都是你和他人共同的创造，忽视他人的存在，讨论任何沟通话题都是缺乏意义的。当我们真正关注沟通对象，主动了解对方的需求和期待的时候，我们更有可能成为沟通高手。而一个人的影响力，就来自可以理解更多人的需求。极简沟通状态象限，则是让关注沟通对象变得更容易。它将我们的关注点具体到对方的情绪感受，以及让对方认知到的价值意义，并因此定义了四种代表性状态。那么如何利用状态象限，将艰难复杂的沟通化繁为简呢？

◎ 一次艰难复杂的沟通

我一个朋友跟父亲关系不好，在他的印象中父亲一直很严厉，脾气暴，总是用命令的口吻跟他讲话。小时候他拿到全班第一名的成绩，很兴奋地跑回家等待着被夸奖，结果父亲一开口就是"考个第一名算什么，有啥可骄傲的，赶紧去写作业"。后来他开始变得越来越叛逆，经常跟父亲对着干，去外地上大学和工作后，跟父亲的关系就更加疏远了，偶尔才会通次电话。

前段时间父亲生病，他请假回老家，跟母亲一起照看他。本以为过了这么多年，现在父子俩会好相处一些，结果还是发生了冲突。起因是他觉得县城医院条件不好，想让父亲到省会城市住院并做些检查，结果父亲不想去，而他却已经安排好了这一切。父子俩吵了起来，甚至到了相互谩骂的地步。假如你是前面故事中的当事人，你该如何使用状态象限分析眼前自己和父亲的沟通,并创造出好的沟通状态呢?在阅读接下来的内容之前,你也可以先放下书,认真思考一下这个问题。

◎ 如何用状态象限分析问题

根据前面已知的信息,冲突的起因在于,当事人希望更换医院,而父亲并不同意。家人之间本来是可以商量的,为什么分歧会演变为严重的争吵呢?极简沟通状态象限,不只能用来指导你完成某次沟通,也可以用来分析某次已经结束的沟通。接下来我们将分别从情绪感受和价值意义两个维度,来分析当事人和父亲的对话过程。

当事人带给他父亲的情绪感受是不好的。他的父亲是一个脾气火暴的人,这样的人哪怕年纪大了也会比较强势。而他在没有跟父亲商量的情况下,就自作主张更换医院,虽然是好心但仍然可能会让父亲觉得不被尊重。另外,去省城的医院就代表更多的折腾,甚至花更多的钱,父亲可能会觉得麻烦或者心疼钱。在这样的背景下,父亲的情绪感受自然是不好的,而当父亲想要表达自己的想法时,儿子又不听,这显然会让父亲更生气。

另外,当事人的理由可能无法让父亲信服,不能让他认知到更大的价值意义。对大部分老人来说,在身体疾病不严重的情况下还是有省钱的想法的。当事人觉得县城的医疗条件不好,但在父亲看来或许还是一种优势,因为县城离家近且花费也少。将这两个维度的判断综合在一起,我们可以看到沟通过程中,当事人既带给父亲不好的情绪感受,同时又无法让父亲认知到更大的价值意义,所以沟通就处在了破坏型。在这种情况下,发生冲突是很正常的。

◎ 用状态象限解决问题的过程

亲人之间明明彼此在乎，但还是会带给对方巨大的伤害。如果沟通中的任何一方，能在事先或在对话中意识到沟通的状态不佳，并主动做出调整，就有可能远离相互攻击的情况。应用极简沟通状态象限的最佳时机，并非在沟通陷入破坏型之后，而是在它可能演变成破坏型之前。

假如你是前面故事中的当事人，你需要与父亲进行沟通，但是由于你们之前有过争执，沟通一开始的状态就不好，你该如何应用状态象限呢？接下来，我会向你解释状态象限如何发挥提醒、激励、定位和指导功能。

提醒，让你能觉察 懂得应用状态象限的人，在开始任何一次沟通前，都会主动关注沟通对象。因为在状态象限的提醒下，他不会沉浸在自己的世界里，不会只想自己的需求。在这个故事里，当事人应通过提醒功能，先思考父亲的感受和想法。

激励，让你有动力 在四种状态中，破坏型是最差的，而理想型是最好的。让沟通离破坏型更远，距理想型更近，是状态象限激励作用的体现。当事人带着激励的心情去沟通，虽然未必能表现得很完美，但至少内心有动力让沟通靠近理想型。有好好说话的意愿，是美好沟通的前提。

定位，让你知现状 即将发生或正在发生的沟通，到底在哪种代表性状态呢？这个问题就是一种定位。准确认识当下，才能做出正确的改变。在这个故事中，当事人可以利用状态象限做出判断。比如他意识到接下来的沟通可能会变成破坏型，就需要重新考虑自己的表达方式和内容是否恰当。

指导，让你有计划　状态象限不只告诉我们现状，还会告诉我们该如何进行改变。对当事人来说，怎样才能让沟通远离破坏型，靠近理想型呢？首先，他可以先让沟通处于友好型，比如他可以对父亲"不想折腾，以及想省钱"的想法表达认同，让父亲觉得他做出了让步，来提升父亲的情绪感受。接下来，他还可以进一步提升父亲认知到的价值意义，比如表达对父亲健康的在乎，结合医生的结论表达忽视病情的风险，告诉父亲当前自己正好在身边，不然过几天自己回去了，母亲一个人带他去医院很不方便，等等。通过这样的表达，更有可能创造出理想型沟通状态。

理解提醒、激励、定位和指导相对容易，真正难得的是突破内心"不公平"的障碍。例如，前面故事中当事人可能会想：为什么父亲不做出改变，变得更理解我呢？为什么他就不能多听听我的想法呢？如果当事人不能放下这些执念，就会忽视自己身上所具备的影响力。很多时候，别人绝不会因为你的要求而改变，而是会因为你的改变而改变。

影响状态象限应用的五种误解

沟通的时候,我们总是追求精确的表达,以防被误解,然而遭受误解实际上是每个人都无法避免的。与其讨厌误解,不如接纳误解,甚至去发现误解的好处。正是因为有误解,你才会不断澄清,你和他人才能进行更有深度的对话;也是因为有误解,你才能逐渐知道怎样的表达更明确。

在分享和传播极简沟通的过程中,我也经常被误解,也是在对这些误解进行澄清的过程中,促进了这门学问的快速发展。为了更全面地帮助你理解极简沟通状态象限,接下来我会跟你讨论五种常见的误解。虽然它们未必是你遇到的误解,但却可以让你对状态象限有更全面的理解。

◎ 误解一:是他人创造了当下的沟通状态

虽然我不断提醒大家状态象限的判断,是以他人的情绪感受,以及认知到的价值意义为标准的,但在学习极简沟通的过程中,还是有很多人会用自己的感受和认知,来判断当前的沟通状态。比如有人跟我抱怨他的妻子:"她制造了风险型沟通状态,于是我们就吵了起来。"状态象限作为你的沟通工具,只能用来定义你所创造的沟通状态,所以当你说沟通处于风险型时,指的是你带给他人的情绪感受不好,但是让他人认知到的价值意义较大的情况,并非沟通对你的影响。

◎ 误解二：需要精准判断他人的感受和认知

要想判断沟通状态，你就必须了解你带给他人的情绪感受，以及对方认知到的价值意义。你可以依据自己的经验进行预测，也可以通过观察对方的肢体语言，或者询问对方来判断。不过对于这些途径，有的人还是会担心，认为得到的答案不够准确，甚至会觉得他人的感受和认知没法了解。其实在判断状态时，你需要的是粗略了解，而并非精确测量。状态象限存在的目的，并不仅仅是定义沟通状态，更主要的是让你能从自己的世界里走出来，真正关注沟通对象，体会对方的情绪感受，了解对方认知到的价值意义。

◎ 误解三：友好型是所有沟通的起始状态

在状态象限的四种主要状态里，友好型由于位置在左上角，我通常会首先介绍，这导致很多人误以为友好型是沟通的起始状态。一开始沟通可能处于任何一种状态，比如你做了某件事让对方很生气，对方觉得你在辩解，此时的沟通很可能就处于破坏型状态。相反，遇见一个喜欢你的朋友，对话可能就会从理想型开启。起始的状态与沟通情境高度相关，我们可以通过具体的情境来预测接下来的沟通过程，并根据预测做出调整。比如你是企业的人力资源专员，要跟被辞退的员工面谈，那么这次沟通一开始就可能处于破坏型状态，因此你需要做更多准备。

◎ 误解四：两个维度的改变难度一样

状态象限由情绪感受和价值意义两个维度构成，从破坏型变成理想型，意味着你要同时改变这两个维度的现状，很多人以为改变这两个维度的难度一样,其实这是种误解。在不同的沟通情境中,改变的难度存在很大的差异。一般情况下,思想观念可以被立即改变,"顿悟"这个词就描述了这种现象。但出现糟糕情绪后,情绪好转往往需要一段时间,因为情绪的产生,总是伴随着生理状态的改变,情绪好转过程存在一定的延迟。另外,在改变的过程中,这两个维度也是会相互影响的。比如,你带给对方的情绪感受不好,对方可能不会认同你表达的内容,即使心里认同,也依然可能会表达反对。因此,大部分情况下,从友好型变成理想型较容易,而要从风险型变成理想型则会比较难。

◎ 误解五:沟通一定要处于理想型状态

理想型是最美好的沟通状态,你可以尽力让每次沟通都接近这个状态,但如果不能做到也正常,毕竟没有人可以让对话时刻都处于理想型。我们接纳这个现实,并不意味着放弃对理想型沟通状态的追求,而是避免更多的自我否定。有时候要得到理想型沟通状态真的很难,只要你不是在制造破坏型沟通状态,那么沟通的过程都是在靠近目标,都是有意义的,沟通也不算失败,只是暂时没成功而已。比如你要跟同事反馈某个信息,时间非常紧急,你知道这会带给对方不好的情绪感受,但如果不反馈这些信息,对方的工作可能会出现很大的麻烦。这种情况下,你需要勇敢反馈,哪怕沟通状态是风险型也是有意义的。

你是否有过前面这些误解?如果有,那这些讨论将变得非常有意义。当然,除了这些被提到的误解,你可能还存在一些其他的误解。因为我们没有讨论,所以你也难以发现它们,这可能会在不知不觉中干扰你应用状态象限工具。为了真正地掌握极简沟通状态象限,你可以重复阅读前面书中的内容，也可以通过加入极简沟通社区和更多的人讨论来消除误解。任何工具的掌握，都需要一个过程，只要你愿意投入时间，那么你的理解就会越来越深刻，对你的帮助也就更大。

本章小结 ▶

极简沟通状态象限,让你从自己的世界里走出来,真正关注沟通对象。它之所以能做到这一切,是因为它能根据你带给他人的情绪感受好坏,以及让他人认知到的价值意义大小,将沟通过程定义为四种代表性状态。通过避免破坏型这种最糟的状态,靠近理想型这种最好的状态,让沟通过程变得美好。

影响沟通的因素非常多,极简沟通并没有面面俱到,而是基于80/20法则,选择了沟通信念、对象和目标三个关键因素,并发展出了极简沟通"三剑客"工具。现在你已经掌握了前两个工具(核心原则和状态象限),不仅能关注自己的信念,避开陷阱式信念的干扰,更能专注于沟通对象,创造出理想型沟通状态。这意味着你将在家庭、职场和社交等不同场景,真正实现将艰难复杂的沟通化繁为简。

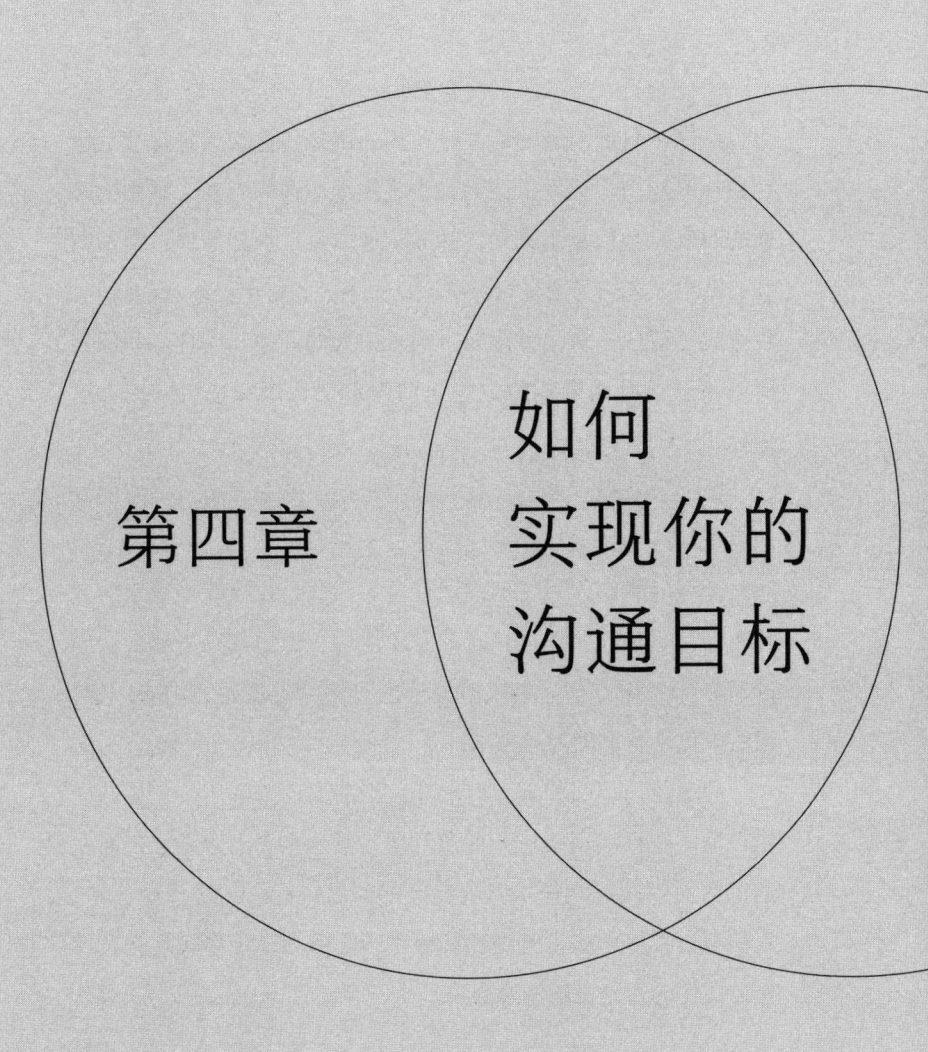

第四章　如何实现你的沟通目标

在探讨有效沟通的话题时,沟通目标总是被大量提及。因为目标既能为沟通提供动力,也决定了沟通的方式。与别人沟通的时候,我们真正关注的并非沟通本身,而是想通过沟通得到的结果。它们可能是融洽的家庭关系,也可能是职场的成功,也可能是客户的认可,比如拿到一个大的订单。同样,我们之所以希望提升沟通能力,也是因为希望可以实现自己的沟通目标。

目标虽然很重要,但在沟通中也是一把双刃剑。一方面我们需要始终聚焦目标,另一方面又不能目标至上,没有人会喜欢一个只盯着自己目标的沟通对象。因此,在极简沟通里,我将沟通目标放到了沟通信念和对象之后,希望你在和他人沟通的时候,先让自己远离陷阱式信念,然后关注你的沟通对象,最后聚焦于自己的沟通需求。

沟通能力很强的人,既能抓住当前沟通的本质,也能选择更合适的目标实现路径。很多时候,不是某次沟通无效,而是你试图用错误的路径来实现自己的沟通目标。从这一章开始,我们将正式探索极简沟通目标模型,它致力于帮你实现沟通目标,让你成为真正的沟通高手。

关于沟通目标,我们需要知道些什么

通过本书第一章,你已经知道极简沟通从众多影响沟通的因素中,选择和定义了三个关键因素,它们分别是沟通信念、对象和需求。现在我们讨论的却是沟通目标,要学习的工具也叫目标模型,那么沟通目标和需求之间有什么关系呢?

在极简沟通最初的版本中,沟通需求这个因素也被称为沟通目标,不过后来我将它改过来了。听我这么说,你可能会更加困惑:沟通目标不是挺好的吗?而且更容易理解,为什么要改呢?极简沟通目标模型,的确致力于帮你实现自己的沟通目标,但它帮助你的方式是通过觉察沟通需求开始。因为在你设定自己的沟通目标之前,你必须明确:你到底想在沟通中得到什么?

关于沟通目标和需求的区别,以及它们之间的关系,我会在后面详细说明,现在我们先来单独认识沟通目标。如果我们说某个人的沟通能力很强,那往往意味着他能与不同的人展开对话,并能实现自己的沟通目标。那么,关于沟通目标,我们到底需要知道些什么呢?

◎ 为什么一定要有沟通目标

关于目标,你可能听过 SMART 原则,即目标应该是具体的(specific)、可衡量的(measurable)、可实现的(attainable)、相关的(relevant)和有时间限制的(time-bound)。很多人会用 SMART 原则来区分目标和非目标,在他们看来,所有不符合 SMART

原则的表达，比如模糊的意图、过程的描述、抽象的愿望和没有时间限制的表达都不应被视为目标。

我认同目标设定应尽量靠近SMART原则，但这并不意味着不符合SMART原则的就不是目标。例如，有人为自己设定了一个目标：从今天开始减肥。虽然这看起来像个决定，其中没有具体的体重下降量和完成时间，这显然不符合SMART原则，但我们不能因此就对这个人说：这不是目标。接下来我们要讨论的沟通目标，不会严格按照SMART原则来定义。只要它是在沟通过程中由个人主动设定的，且意图通过沟通得到，那就可以被视为沟通目标。

在这个定义中最重要的是主动设定，因为沟通目标不会自动产生，它是由我们为自己设定的。某次沟通之所以发生，一定有其原因，但并不是每次沟通都有目标。比如你在高铁上，很自然地跟身边的人聊了起来，你们的确在沟通，但可能并没有沟通目标，只是在打发时间而已。

为什么一定要有沟通目标？这并不是在说沟通就不能没有目标，更不是在否定闲聊或单纯对话的价值，只是为了让你看见，拥有沟通目标可以带给你更多好处。

好处一：目标让你明确重点

两个人沟通的时候，你该如何选择话题，到底聊什么，或者不聊什么？目标会帮你做出判断。拥有明确目标的人，会让对话始终朝着某个方向前进，哪怕进展缓慢也会逐渐实现目标。而没有沟通目标时，往往是想到什么就说什么，没有重点。话题从A到B，然后又从B到C……时间过去了，彼此聊了很多，过程也不错，但没有什么结果，尤其职场中的沟通更忌讳这一点。带着目标进行沟通，就能避免这些问题的出现。面对各种话题，你会知道重点在哪里，不会在对话中迷失方向，避免偏离主题。

好处二：目标帮你判断效果

有时候你可能会对沟通的效果感到迷茫，那么目标就能帮你判断沟通的效果。如果一次对话能让你靠近目标，显然这次沟通是有效的。相反，如果当前的对话让你离目标越来越远，那么这次沟通的效果就不好。因此，在讨论沟通是否有效之前，我们先要确定沟通目标到底是什么。目标不同，我们对效果的判断必然不同。知道自己想要什么的人，显然更容易得到自己想要的一切。

好处三：目标使你避开干扰

尽管你在沟通前有自己的计划，但沟通未必会按照你的计划进行。你可能会在沟通中遇到很多干扰，比如对方持有和你不同的看法，或者对方表现得情绪化，甚至完全拒绝和你沟通。面对这些意外情况，很多人会被激怒，会完全忘掉沟通的初衷。此时惩罚对方就成了默认的选择，你开始用糟糕的方式回应对方，甚至说些刻薄的话。在探讨极简沟通状态象限时，我们已经知道，这些表现只会带来破坏型沟通状态。如果你有明确的沟通目标，那么当遇到干扰的时候，你就更有可能避开这些干扰。

◎ 沟通目标有什么特点

当你意识到某个东西很重要时，你最应该做的事情就是去了解它。前面我们已经理解了沟通目标能带给我们的好处，那么沟通目标存在哪些特点呢？随着对沟通的持续探索，我发现沟通目标有三个非常显著的特点：沟通目标是私人的、沟通目标是会变化的、沟通目标是即时的。

特点一：沟通目标是私人的

沟通目标并不等于沟通话题，话题是你们某次对话中要聊的内容，是双方共有的，可能会在沟通一开始就被提出来，但目标则是私人的，是你希望通过沟通得到的东西，一般也不会告诉对方。虽然分享沟通目标，有时候能让大家朝着一个方向努力，但有时候也可能会激起对方的反感和抵触。比如你想说服客户接受你的方案，显然你不会直接告诉客户："我的沟通目标是说服你。"

特点二：沟通目标是会变化的

沟通是一个彼此影响的过程，你在尝试影响对方的同时，也在接受对方的影响。在这个过程中，你的沟通目标可能会发生改变。例如，你原本计划向老板提出加薪，但在听到老板对新员工表现的评价后，你可能会由于对大环境和自身优势的考虑，决定暂时不提出加薪请求，改变了自己的沟通目标。这样的变化并没有对错之分，而是你基于信息和环境做出的主动调整。现实中的沟通目标，总是在动态变化着，这些变化有助于让你适应瞬息万变的现实情境。

特点三：沟通目标是即时的

沟通实在是太频繁了，每天你会花大量时间进行沟通，有些是你主动发起的，还有很多是你被动参与的。早上你和爱人吵架了，你希望两个人能和好，此时你为自己设定的沟通目标是修复关系。中午你们的关系和好了，聊起假期旅行的事，对方想去的地方你并不想去，于是你的沟通目标是说服对方。晚上你们聊起各自工作中的事，你开始帮对方分析问题，于是你设定的沟通目标是帮助对方做出决策。你看，这一天里你们进行了很多沟通，每次沟通的目标都不同。我们追求的幸福和成功，并不是通过某一次沟通获得的，而是通过一次又一次，即时的、碎片化的沟通目标实现而获得的。

◎ 如何选择合适的沟通目标

努力有结果，前提是你在正确的方向上努力。沟通中设定错误的目标，只会带来更糟的沟通结果。比如现实中有些人特别好强，只要听到不同的声音，就会产生战斗的欲望，他们给自己设定的沟通目标是征服对方，或者让对方闭嘴。显然这样的沟通目标是不合适的，会阻碍别人表达真实的想法，更难带来人与人之间的信任。

沟通的时候，有的人从未想过自己可以选目标，以为目标是由沟通场景决定的。比如同事的观点跟自己的不同时，目标就该是说服对方；遇到爱人抱怨时，目标就该是劝诫对方积极。其实沟通目标是我们主动选择和设定的，也就是说在同一个情境里，你既可以设定善意的沟通目标，也可以让目标充满恶意。显然善意的目标更有意义，也更值得你去实现。

有时候，你可能并不知道什么样的目标是合适的？每个人内心的期待并不相同，外人很难告诉你什么是合适的沟通目标。不过我可以给你一个建议，在设定沟通目标之前先思考：什么样的沟通目标是不合适的？如果你的沟通目标是带给他人伤害，或者让事情和关系变得更糟，那么它们都是不合适的。我们必须始终记住，沟通是为了让自己和他人获得更多幸福与成功，任何背离这一初衷的沟通目标都是值得警惕的。

沟通本身不是目的，而是帮助你实现目标的途径。因此，对沟通目标的认知越深刻，你就越能将目标变成现实。你想通过沟通实现什么？这是在每次沟通开始之前，都应该向自己提出的问题。没有人可以替你回答这个问题，只有当你明确这个问题的答案后，才能为自己设置一个合适的沟通目标。

沟通目标到底该如何实现

前面我们对沟通目标本身进行了许多讨论，不过大部分人更关心的，其实是如何实现自己的沟通目标。关于沟通目标的实现，事实上我们已经学习了很多。前面你所了解的全部内容，都在帮你提升实现沟通目标的能力。比如极简沟通核心原则，让你远离四种陷阱式信念，成为一个不卑不亢、积极主动、对自己的情绪负责、能尊重对方选择的人；极简沟通状态象限，让你关注沟通对象，带给对方好的情绪感受，同时也让对方认知到更大的价值意义，从而创造出理想的沟通过程。现在，在全面认识极简沟通目标模型之前，我们先看看常见的沟通目标实现方式。

◎ 话术是不是更好的选择

2016年的一次课程中，有位同学问我如何实现沟通目标，能不能给他一种标准话术。当时我说，虽然我很想这么做，但我真的找不到这样一种话术。沟通并不等于某次具体的对话，而是人与人之间互动的过程。当我们讨论沟通目标该如何实现的时候，其实是在讨论一个抽象的概念。现实中具体的沟通目标有很多种，可能是解决困扰自己的婆媳矛盾，可能是让挑剔的客户认同自己的方案，还可能是纠正叛逆期孩子的一些错误想法。

话术是什么呢？你可以将它理解为一些特定的语言表达技巧——往往包括精心设计的措辞、结构化的对话框架和一些特定的应对策略。比如,你是一位负责客户投诉的工作人员,面对客户的投诉,你可能会说:"您先消消气,我非常能理解您的心情。关于您的问题我已经收到了,我一定帮您解决问题,给您一个满意的答复。"你看,这就是一种话术,它只用在一个特定的场景里,无法在所有场景里帮你实现沟通目标。

对于现实中的很多事情,我们总是渴望速成,总希望有捷径可走,但最后的胜利者,往往不是寻找捷径的人,而是那些潜心修炼基本功的人。我知道很多人非常热衷于话术,认为只要能懂得更多话术,就可以实现所有的沟通目标。为了迎合这种需求,你会在自媒体领域看到很多类似的标题,比如"这几个技巧让你成为一位沟通高手"或者"只需要说这三句话就可以搞定老板"等。虽然这些话术听起来很有道理,但遗憾的是,它们并不是每次都能奏效。因为话术是死的,是针对某个具体场景的标准化措辞,而你需要面对的沟通对象是活生生的人,他们有自己的情感和思想,是独一无二的。对话过程中也充满了无限可能,你无法依靠一堆话术去实现自己的沟通目标。

◎ 场景化方案的困境

既然话术不是很好的选择,那怎么做才能实现不同的沟通目标呢?很多图书和课程的思路是,根据场景和对象挑选出一些典型的沟通目标,然后为这些典型的沟通目标分别提供一套解决方案。比如在家庭场景里,你的沟通目标可能是化解跟父母的矛盾、消除伴侣的误会或辅导孩子完成作业;在职场里,你的沟通目标可能是跟桀骜不驯的下属完成面谈、向老板申请升职或加薪、说服不信任的客户等。

我们的确可以罗列出常见沟通对象的主要场景,提炼这些场景的典型沟通目标,并建立一个清单,然后为每个沟通目标提供一套解决方案。这么做的好处是，这可以让我们在遇到某个情境时，拥有具体的操作指南，而且这些方案也便于学习和实践。但对我们来说，这个清单将会变得越来越长，需要记住的解决方案也会越来越多，这将让我们陷入加法思维的困境。

关于场景化的方案，还有另一个问题，那就是现实中每个具体的沟通目标都是独一无二的，单纯套用一个解决方案效果并不好。比如你和好朋友都想找老板加薪，虽然沟通目标都可以是"找老板加薪"，但朋友的老板并不一定是你的老板，即便你们的老板是同一个，你和朋友在老板眼中的工作表现也不尽相同。

◎ 三类需求：影响类、连接类和协作类

极简沟通目标模型的建立，是在排除话术和场景化方案之后，源于我对沟通中人们需求的洞察。需求并不是我一开始就注意到的，为了找到更好的沟通目标实现方案，我尝试把很多具体的沟通目标写下来，并寻找这些沟通目标之间的共同点。我发现虽然很多沟通目标都不同，但它们背后却存在一些共同的需求。经过不断归纳和提炼，最终我定义了三类需求：影响类需求、连接类需求和协作类需求。接下来，我将带你认识这些需求分别指的是什么。

影响类需求，指的是希望通过沟通改变他人原有的认知、情绪、决策和行为等的需求，焦点是他人的改变。比如供应商想抬高给你们公司的供货价，而你准备说服他不要这么做，在这次沟通中你试图影响对方的决定。当然，这类需求不仅限于商业谈判，还可能存在于情侣关系、亲子关系等的场景里。

连接类需求，指的是希望通过沟通改变彼此关系的状态的需求，焦点是双方关系的改变。比如单身的你，希望通过沟通加深与喜欢的

异性之间的了解，让彼此的关系能更进一步。当然，这类需求还可能存在于改善同事关系、增进亲子关系等的场景里。

协作类需求，指的是希望通过沟通与他人共同完成某些事或改变某物的状态的需求，焦点是现实中事物的改变。比如在布置公司培训场地时，你和同事沟通后一起将桌子搬到了另一个地方，你们共同改变了桌子这个物品的位置。当然，这类需求还存在于其他需要合作的场景里。

不知道你是否还记得，在本章开头部分我预留了一个问题：沟通目标和需求有什么关系？现在我们来聊聊这个问题。现实中的沟通目标千差万别，但它们背后的需求却有相似之处。极简沟通目标模型致力于让你的沟通目标实现，实现方式就是从关注沟通需求开始。关注需求对沟通目标的实现来说，是一步重要的简化，这也解释了我为什么会将影响沟通的第三个因素，从目标改成了需求。因为需求能跨越沟通场景和对象，具有更大的普适性，可以让我们远离加法思维带来的困境。

你可能会好奇为什么需求只有三类，而不是四类或者五类？实际上，我最初提炼出的需求数量比较多，但经过不断迭代和删减，最终只剩下当前的影响类需求、连接类需求和协作类需求，它们既能代表主要的沟通需求，又足够简洁，真正做到了"少即是多"。

从话术到基于场景的方案，再到基于沟通需求的方案，这个过程让我明白了一个道理：对问题思考得越深入，就越能看到更多的可能性。只有看到更多的可能性，你才能得到自己满意的方案。那么你的沟通目标如何实现呢？极简沟通目标模型，就是我接下来要向你介绍的方案。

极简沟通目标模型

我们的焦虑,并不是源于某个结果本身,而是源于不知道如何应对这些结果。我遇到过一些人,他们说自己在面对艰难复杂的沟通场景时,常常会不知所措,感到焦虑和恐惧。而消除这些焦虑和恐惧的最好方式,或许就是拥有一个可以指引你实现不同沟通目标的工具。极简沟通目标模型就是这样一个工具,也是极简沟通"三剑客"工具中的最后一个。

◎ 目标模型的创造过程

前面我们讨论了三类具有普遍性的需求:通过沟通带给他人改变、通过沟通改变彼此的关系和通过沟通与他人共同完成某些事或改变某物的状态。现实中,这三类需求并不是完全独立的,在某次沟通中,它们可能共同存在。比如在职场的沟通里,你既希望同事能改变某些想法,还希望彼此的关系能更进一步。

极简沟通目标模型的创造,是一个偶然的过程。如果你对色彩构成比较了解,就可能知道:所有色彩都可以由红、绿、蓝三种颜色混合而成,这三种颜色被称为三原色。我在思考沟通目标背后的需求时,就受到了三原色概念的启发,把影响类需求、连接类需求和协作类需求相互组合,从而定义出了七种不同的目标类型:影响类、连接类、协作类、影响+连接类、影响+协作类、连接+协作类,以及影响+连接+协作类。

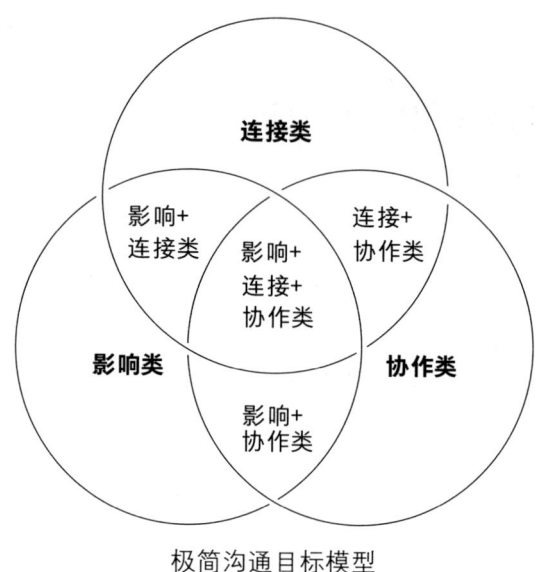

极简沟通目标模型

◎ 基本目标与组合目标

极简沟通目标模型定义了七种目标类型，前三种是基本目标类型，而后四种是组合目标类型。我通常会省略"类型"这两个字，而将它们简称为基本目标和组合目标。虽然这样称呼更方便一些，但也可能会在理解上带来误会，需要特别说明。基本目标并不是单纯的某个沟通目标，而是具有相似需求的一类目标，组合目标指的是同时具有两种或三种需求的一类目标。

基本目标和组合目标的区别是，前者的需求相对单一，而后者是多类需求的叠加。在极简沟通里，如果我们说某个具体的沟通目标是连接类，那就代表这个沟通目标属于基本目标，需求相对单一，只是希望通过沟通让彼此的关系更进一步。而如果我们说某个具体的沟通目标是影响＋协作类，那就意味着它是组合目标，代表我们希望通过沟通带给对方改变的同时，还需要跟对方一起完成某些事情，显然需求相对复杂。

面对某次具体的沟通，到底该怎样区分其目标是基本目标，还是组合目标呢？你只需做一件事，就是询问自己：在本次沟通中，其他的两类需求是否可以忽略？如果它们中的一类或者两类同样重要，那么你的目标就是组合目标。不存在绝对的基本目标，如果其他两类需求不是很重要，为了让问题更简单，我们就将这次沟通的目标看作是基本目标。比如在公司的一次会议中，你希望方案能被同事们接受，但你们的观点可能存在差异。如果此次沟通你的主要目的是改变他们的观点，那么这次沟通的目标就可以被视为影响类目标，但如果你除了想改变对方的观点外，还很在乎彼此的关系状态，那么这次沟通的目标就变成了影响＋连接类目标。

在我们和他人沟通的时候，组合目标要比基本目标复杂。因为当你面对一个组合目标时，你需要同时考虑两类或者三类需求。如果你的沟通过程，只关注到一类需求，忽视了其他需求，那么本次沟通的目标就可能无法实现。在组合目标中有一种类型是最复杂的，那就是影响＋连接＋协作类，它意味着你需要满足所有的需求：既希望带给对方改变，同时需要维持或发展彼此的关系，还需要大家一起完成某件事情。

◎ 基本目标和三类需求的区别

极简沟通目标模型源于三类需求的组合，组合后得到了七种目标类型，其中有三种是基本目标，看起来和三类需求完全一样，它们是否可以等同呢？答案是：它们是不同的。基本目标是同一类需求的集合，是一种沟通目标，而且是你主动设定的。需求是本来就存在的，不管你是否觉察到，它都存在。但沟通目标只有经你主动设定，才会存在。

为了让你更好地理解，我举个例子：在职场中，你需要和下属进行一次沟通，你觉察到这次沟通的需求主要是影响类，于是你从极简沟通目标模型的七个目标类型中选择了影响类——这个影响类指的是一种目标类型，是你主动设定的，但设定基于你对自己沟通需求的觉察。后面我在讨论沟通目标实现时提到的影响类、连接类和协作类目标，一般指的都是基本目标。

◎ 目标模型能带来什么

想要真正掌握一个工具，你必须思考这个工具存在的价值和意义。这不仅仅能让你用好工具，还可以避免被工具控制。我们之所以学习"三剑客"工具，不是因为它们本身的魅力，而是因为我们想通过它们拥有某种能力。核心原则让你觉察和远离四种陷阱式信念，状态象限帮你创造出理想型沟通状态，而目标模型会让你抓住当前沟通的本质，告别对经验的依赖，获得少即是多的方法论。

价值一：洞悉沟通的本质

沟通是把不确定变成确定的一个过程。沟通前你可能有自己的想法，过程中又融合了对方的想法，最终你和对方获得了某种结果。在这种创造过程中，很多人会迷失在一些细节里，讨论的话题也容易偏离方向。尤其是在面对艰难复杂的沟通场景时，你可能会遭遇他人的抵触，或者不得不面对外部的压力，在这个过程中要坚守沟通目标是很难的，甚至无法确定一个明确的沟通目标。极简沟通目标模型，能让你聚焦沟通的核心需求，让你洞悉当前沟通的本质。沟通目标可能会不断变化，而需求则更加稳定。

价值二：告别对经验的依赖

在实现沟通目标的过程中，很多人缺乏框架和方向指引，总是依赖固有的经验和习惯。某个沟通目标之所以能实现，是因为你使用了正确的路径，如果路径是错的，那么效果肯定不会好。就像你准备坐电梯到某一层，就必须按下对应楼层的按钮，如果只是随便乱按，不管你按得多么卖力，电梯都可能不会在相应楼层停下来。极简沟通目标模型，让你在一个框架内探索沟通目标的实现路径，告别对经验的过度依赖。

价值三：少即是多的方法论

前面我们在聊场景化方案的困境时提到过，通过先提炼常见沟通场景，然后分别提供一套方案的策略，会让我们陷入加法思维的困境。先不说这些方案是否适合不同的沟通对象，光记住这些方案就是一种挑战。极简沟通目标模型，根据沟通目标背后的需求，将所有沟通目标简化为七种，而最基本的目标只有三种。因此，你不需要去记住每个沟通目标的实现方法，只需要掌握基本目标的实现路径，就可以去应对所有不同的沟通目标。

现在，你已经认识了极简沟通"三剑客"工具。你可能想知道，这三个工具对沟通结果的影响存在怎样的差异。核心原则与状态象限偏向于沟通的"道"，它们更加基础，能帮你调整沟通姿态，创造出一个良好的沟通过程，拥有更大的影响力，提高沟通成功的概率。目标模型偏向于沟通的"术"，它让你明确自己的沟通需求，定位目标类型，选择有效的目标实现路径，去实现某个具体的沟通目标。

　　我们的每次沟通，都承载着自己对生活和工作的梦想。不管你为什么去沟通，不管你面对的沟通有多么艰难复杂，极简沟通目标模型都将成为你可靠的支持者，帮助你去实现一个又一个沟通目标。关于目标模型，你现在已经有了全面的了解，接下来我们将开始认识三种基本目标的实现路径。

影响类目标，如何促使他人改变

你可能听过这样的建议：不要试图改变他人，没有人会轻易被改变，除非对方自己愿意改变。在极简沟通核心原则中，也有一条原则是尊重他人的选择。接下来我要问你一个问题：如果有件事对你至关重要，但它的完成需要依赖别人的支持，但对方又不愿意提供支持，那么你该如何应对呢？是放弃这件对你重要的事，还是与对方沟通来寻求支持呢？

此时此刻，你可能会觉得有矛盾存在，需要改变对方的立场，但又不确定这种改变是否恰当。其实要解决这个矛盾很简单，就是将改变换成影响，而且在尊重他人选择的前提下。在人与人的相处过程中，影响和改变时刻发生着，你在影响他人，他人也在影响你。我们讨厌的是被迫改变，而非改变本身。

◎ 什么是影响类目标

我之前介绍过影响类需求，指的是希望通过沟通带给对方认知、期待、情绪、行为、选择等改变的一类需求。比如说，你是一位老师，在向学生传授新的知识，你在改变他们的认知；或者你是一位领导，正在告诉团队未来公司将面临的挑战，你在改变他们的期待；你可能是一位丈夫，正在努力处理妻子的愤怒情绪，你在改变她当前的情绪状态；又或者你是一位父亲，正在向孩子解释该做什么以及不该做什么，你在改变他的决定；还有可能你是一位销售人员，正在试图说服客户接受一个更好的产品或服务方案,你在改变对方的选择。如果某次沟通中,你的需求主要是影响类,那么这次沟通的目标就是影响类目标。

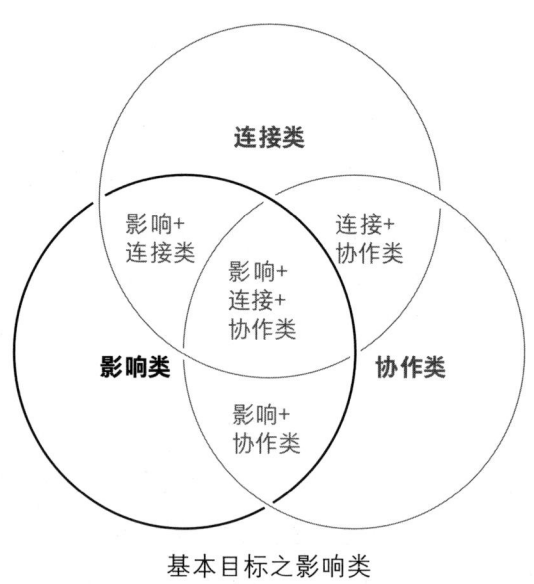

基本目标之影响类

要点一:关注点是他人的改变

判断影响类目标的核心,在于是否希望通过沟通带给他人某些改变。改变的动机,可能是对他人存在某些期待,而这些期待和当下的现实存在差异。比如对方现在的选择是A,而你希望对方的选择能变成B。如果你一开始就没有期待,或者完全接纳对方当前的选择,那么也就不存在影响类需求。当然,这里的改变不局限于行为,可以是认知、选择、情绪、期待等不同方面的改变,只要期望沟通对象做出改变,就可以将本次沟通目标看作是影响类目标。

要点二：改变的期待未必总能实现

尽管影响类目标是希望通过沟通带给他人一些改变，但这些改变未必都能实现，可能也会遇到各种阻碍。比如你希望通过沟通，消除老板对你的偏见，你可能花费了很多时间，但依然无法改变他原有的看法。即便期待的改变没有实现，此时的沟通目标还是可以归为影响类，因为影响类目标的判断依据，并非改变实现与否，而是你内心是否存在想要影响对方的需求。

◎ 影响类目标的沟通路径

理解了影响类目标的含义，并不等于就能通过沟通轻易实现这些目标。现实中，通过沟通带给他人改变，并不是一件容易的事，尤其是当对方抵触某些改变的时候。若改变遭遇挑战，有些人就可能会提前放弃，觉得自己无法实现影响，也有些人会去寻找更多有效的路径。沟通能力强的人，并非一开始就知道怎么做，而是坚信自己必将到达终点，这让他们不断去寻找路径。

关于影响类目标，下面我会与你分享四条经验证有效的实现路径。不过在这之前，我需要先说说路径这个概念。路径是极简沟通目标模型中的重要构成，指的是某个沟通目标实现的途径或策略。不只是影响类目标，在极简沟通目标模型中，每个基本目标都有相应的实现路径。其具体表现为某个方向或行动，切记它们并不是详细的步骤。路径所发挥的价值仅仅是指引和提示，就像演讲时屏幕里展示的关键词或图片。

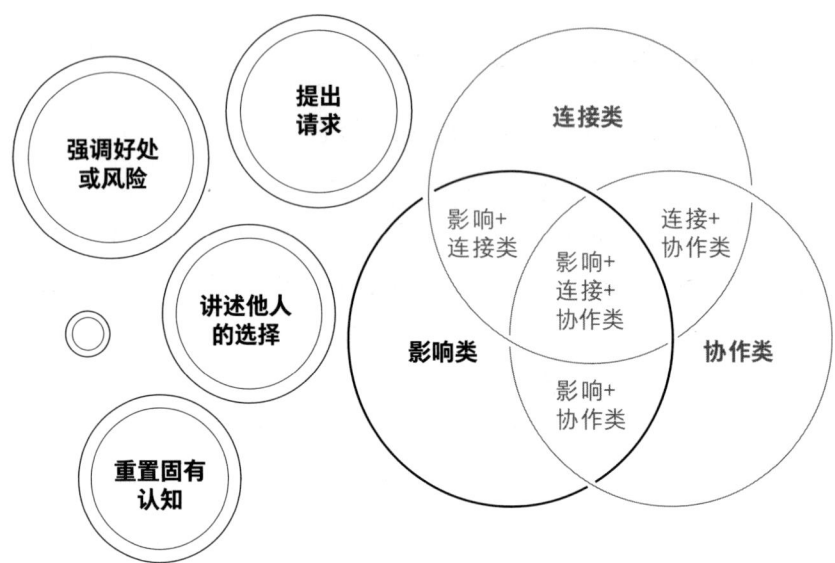

影响类目标的实现路径

路径一：提出请求

促使他人改变，我们最容易忽视的路径其实是提出请求。提出请求是一种最直接产生影响的路径，在人与人的相处过程中，只要你把自己的期待讲出来，对方就有可能做出改变。这听起来很神奇，但实际上非常普遍。比如你看到孩子将玩具扔得到处都是，可能会说："宝贝，能不能将玩具都收拾到一起呀？"再比如你在工作中遇到了困难，可能会跟同事说："能不能帮我看看这个问题，我现在有点儿搞不定。"

如果你曾对如何拒绝他人感到困扰，就会明白请求所包含的强大力量。面对他人的请求，如果这件事对你来说是举手之劳，拒绝反而是不容易的事。只要一方提出的请求是合理的，又属于举手之劳，大部分人都不会拒绝。请求不同于命令，你并不高高在上，而是放低姿态去寻求对方的帮助，这有助于激发对方助人的动机。另外，请求还能创造一种互惠的机制。因为别人帮了你，你会觉得欠对方一个人情，于是下次也会答应对方的请求。

不过要想提出的请求被答应，那么它最好是简单的或者他人容易做到的。如果你提出了对方难以做到的请求，那么对方就不得不拒绝你。但心理学家也发现，若你提出一个实现难度大的请求被拒绝后，再提出一个实现难度小的请求，对方就可能会因为补偿心理而答应你的新请求。尽管请求具有强大的影响力，但不代表你就可以滥用这种力量。在人际相处中，如果你总是提请求，别人可能就会觉得你很烦，为了避免被打扰，而不再响应你的任何请求。

路径二：强调好处或风险

观察人们说服别人的过程，你就会发现强调好处或风险的路径也被大量使用。比如当你希望别人做某些事的时候，可能会告诉他们做这件事的好处，或者告诉对方不做这件事可能会面临的风险，如果你讲述的观点能被对方认同，那么改变就会发生。因为趋利避害是我们都会有的一种倾向，讲述某件事的好处或风险，会引发对方进行理性思考，开始判断什么是对自己最有利的选择。

当然，强调好处或风险的路径要有效，前提是你能赢得对方的认同，并让他们认为按照你的建议做是更好的选择。假如你是一位广告行业的销售经理，希望能说服客户调整他们之前的广告计划，那么你就可以告诉客户，新的计划能让他们的产品精准触达更多用户，使广告的效果更好。为了论证你的观点，你可能需要罗列更多数据和案例来证明，而不是仅仅你认为有好处，而对方却不这么认为。

强调好处或风险的路径也有其局限性。如果你的沟通对象此刻很情绪化，或者对你极不信任，那么你们的沟通已经处在破坏型状态，此时你所讲的一切，都可能不会被对方认同。在这种情况下，不管你多么努力，都可能无法用强调好处或风险的路径带来改变，你必须先解决对方的情绪和信任问题。

路径三：讲述他人的选择

要促使沟通对象改变，你也可以使用讲述他人的选择这一路径。我们在做某些决策的时候，经常会参考他人的做法，尤其是当我们不确定的时候，他人的选择提供了重要的参考。比如走在大街上，看到很多人在一家餐厅门口排队，你自然会认为这家餐厅的食物应该好吃，只要不是特别赶时间，你也可能会去排队。有人可能会说这是盲目从众，其实这背后存在一种不能被忽视的力量。在信息不充足的情况下，我们的大脑很难做出判断，为了降低决策的风险，就会参照外部仅有的信息得出结论：既然那么多人排队，一定是这里的食物好吃。

虽然根据他人的选择做决策有时会出错，但在人类的进化过程中，这种决策机制为人类带来了更多的优势。它会极快地提升决策的效率，在危急时刻能为我们带来更多的求生机会。讲述他人选择的过程，本质上就是在讲一个故事，其影响力往往超过了单纯的逻辑和道理，听众不只能通过故事了解他人的经历和选择，还可能会产生情感共鸣。比如你在跟领导汇报某个问题的解决方案，可能会告诉他，某个优秀的企业使用当前方案成功解决了这类问题。还比如孩子非常挑食，你可能会告诉他，某个他很喜欢的大哥哥就特别喜欢吃蔬菜。再比如面对某个犹豫不决的客户，你可能会告诉对方，其他的客户是怎么做出选择并由此获益的。

不过在讲述他人的选择时，你需要特别注意，这里的他人最好是对方喜欢或认可的人。对方越是喜欢和认可，越有可能效仿其选择，进而接受你的建议。我们看到的很多广告都采用了这样的策略，通过选择人们喜欢的明星代言一些产品，从而提升产品的销量。

路径四：重置固有认知

促使他人改变，你还可以通过重置固有认知的方式来实现。具体来说，就是让对方意识到原先认知的缺陷或不足，从而获得新的认知。要使用这条路径，你必须多花点儿时间思考，对方为什么会有这些行为和选择？很多人只会指责对方行为和选择的荒诞，不停地否定对方，而忽视了每个人行动的背后一定有他自己认为正确的原因。相比于指责他人的做法，更聪明的做法是让他看到逻辑背后的缺陷和不足。

在重置固有认知的过程中，你需要向对方提供新的信息，引导对方关注他们未曾留意的部分，思考之前从未深思过的问题。这些全新的发现，会动摇对方的认知，从而让他们拥有全新的想法。若一个人的想法变了，那么他的行为和选择自然也会随之改变。

比如你的下属向你提出辞职，原因是她觉得自己不擅长这份工作。此时，为了重置固有认知，就要让对方思考：因为工作遇到了一些阻力，就轻易给自己贴上不擅长的标签，这会不会阻碍自己成长？当然，你还可以让她看见自己的变化，以及为团队所做出的贡献。在这个过程中，她可能会改变自己原有的看法。还比如你的爱人向你抱怨自己的领导，说她的每项工作领导都要过问。为了重置固有认知，你说："我特别能理解你的感受，事事过问的确令人很烦。不过你还记得吗？有好几次是他帮你发现了严重的问题，避免了巨大的工作损失。另外，他虽然总是过问你的工作，但却会把工作的成果都归功于你。"爱人听你这么说后，表达了认同，此刻她对领导的看法也会改变。

在使用重置固有认知路径时，也存在一些挑战。首先，你可能会遭遇对方的自我防御。人们会自然地捍卫自己的观点。如果对方知道你会说服他，那么在开始沟通前就会启动防御机制。你只有先获得对方的信任，才能突破这些防御。其次，如果你难以看到问题的本质，就无法让对方有恍然大悟的感觉，也就无法重置对方的固有认知。重置固有认知，意味着你能发现对方的思维漏洞，看见对方所忽视的信息，能站在不同的角度审视问题，或者洞悉更底层的逻辑。要突破这个挑战，你需要先提升自己的认知。

◎ 实现影响类目标该注意什么

现在，你已经懂得了如何实现影响类目标。你可以提出请求、强调好处或风险、讲述他人的选择，也可以重置对方的固有认知。虽然影响类目标是极简沟通定义的，但其实现路径却并不是我发明的，只是我从众多的路径中挑选出来的，你在过往经历中也可能已经使用过它们。当你能熟练应用这些路径时，就可以通过沟通快速实现影响类目标。

要介绍这些路径，必然存在先后顺序，但在使用它们的时候，却并没有顺序的限制。你可以根据自己的实际情况，选择你认为更好的路径。它们可以单独使用，也可以相互叠加使用。同样是影响类目标，每条路径带来的效果可能并不一样，只有适合你的才是最好的，而这些路径最大的价值在于，能为你提供一个目标实现框架。

影响类目标，意味着你想在他人身上促成一些改变。这些改变是你的期望，可能并非对方的期望。如果你的沟通对象不喜欢你想要的改变，甚至抵触它们，那么要实现这次沟通的目标，你就会面临很大的阻力。因此，在实现影响类目标的过程中，你还要时刻提醒自己，沟通不是征服，而是赢得对方的认同。如果你期望他人产生某些改变，就要思考这些改变对他们来说意味着什么，只有当他们接受这些改变时，改变才会真正发生。

连接类目标，如何让彼此的心靠近

我们体验到的幸福和痛苦，很大部分源于自己和他人的关系，而且这是我们一生都无法绕开的课题。小时候，需要面对自己和父母的关系；长大一点后，需要面对自己跟老师和同学的关系；进入职场后，你需要处理自己和同事之间的关系；有了喜欢的人后，希望发展和维持伴侣之间的亲密关系；孩子出生后，还需要学会应对亲子关系。

当我们描述关系的时候，经常会用好坏来定义，好坏反映的是人与人连接的程度和变化。变化并不总是美好的，也可能是关系出现了巨大的挑战。我们学习极简沟通，让自己成为沟通高手的一个重要原因，就是可以应对现实中重要关系的挑战。如果你的沟通目标是让彼此的心靠近，那么你一定需要了解连接类目标该如何实现。

◎ 什么是连接类目标

连接类目标，是继影响类目标后，我们需要认识的第二种基本目标，代表某次沟通中你主要的需求是通过沟通让关系状态发生改变。比如你是个学生，最近刚认识了一位新同学，希望彼此成为好朋友；或者你是一位女生，昨天因为琐事跟男友吵了一架，说了很多气话，现在想修复彼此的关系；或者你是个新员工，刚加入某个公司，想要快速融入这个新的集体；你还可能是一位妈妈，面对越来越疏远的亲子关系，希望通过沟通与孩子建立更多的信任感。为了满足这些需求而设定的沟通目标，都可能是连接类目标。

第四章 如何实现你的沟通目标

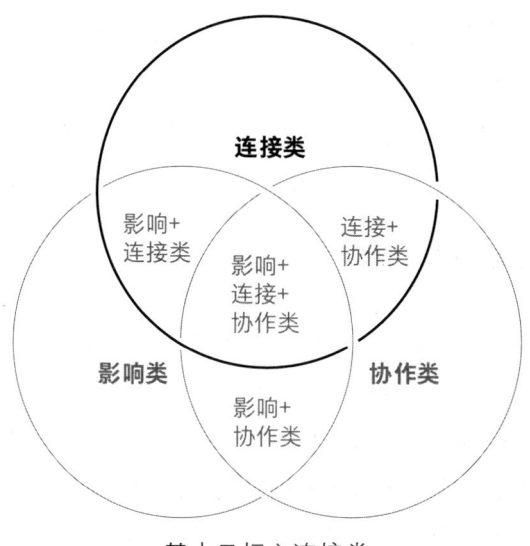

基本目标之连接类

要点一：关注点是彼此的关系

连接类目标和影响类目标一样，都涉及改变，但改变的焦点并不相同。影响类目标的焦点是促使沟通对象改变，连接类目标的焦点是双方关系的改变。任何两个个体之间都存在某种关系，可能是熟悉的，也可能是陌生的；可能充满信任，也可能存在猜疑。无论是彼此喜欢，还是相互讨厌，如果你的需求主要是改变双方的关系状态，所有这些沟通的目标都可以被归为连接类。

要点二：不变是对趋势的改变

如果在某次沟通中，你不希望彼此的关系状态发生改变，那么这次沟通的目标就是连接类吗？比如你想找领导讨论某个问题，这个问题可能会让你们之间的关系变糟，你不想看到这个结果出现，所以你

169

想在讨论这些问题的同时维持原有的关系状态。在这个例子中，你虽然不想改变彼此的关系状态，但关系状态可能会因为一些问题的讨论，而朝着不好的方向变化，要维持不变意味着你必须阻止即将出现的变化。因此，维持关系状态的沟通目标依然可以被归为连接类。

要点三：关系是两个人的

连接类目标是你的，但关系是两个人的。当你对彼此的关系现状不满的时候，你可以通过沟通来改善，但这并不代表你单方面就可以决定关系。你对当前关系的理解，不一定等于对方的理解，因此你所期望的关系状态，也并非对方所期待的。比如，你觉得当前的关系不够好，但对方可能会认为刚刚好。这种对关系的判断和期待的差异，是人与人之间出现冲突的重要原因。双向奔赴被看作最美好的关系状态，因为它反映了两个人共同的愿景和努力。

◎ 连接类目标的沟通路径

亲密关系中，你明明希望两个人能一直保持甜蜜浪漫，但彼此还是渐行渐远，满腔的爱变成了失望和争吵。职场关系中，你可能试图修复与某个同事之间紧张的关系，但当对方表现得冷漠时，你可能就会感到不知所措。亲子关系中，孩子跟你的交流越来越少，即使在学校里遇到了问题，孩子也不愿跟你分享，你渴望改变关系现状，但却觉得无能为力。这些关系问题是我们必须面对的，也是我们生活和工作的一部分。接下来，我们将开始认识连接类目标的四种实现路径。

第四章 如何实现你的沟通目标

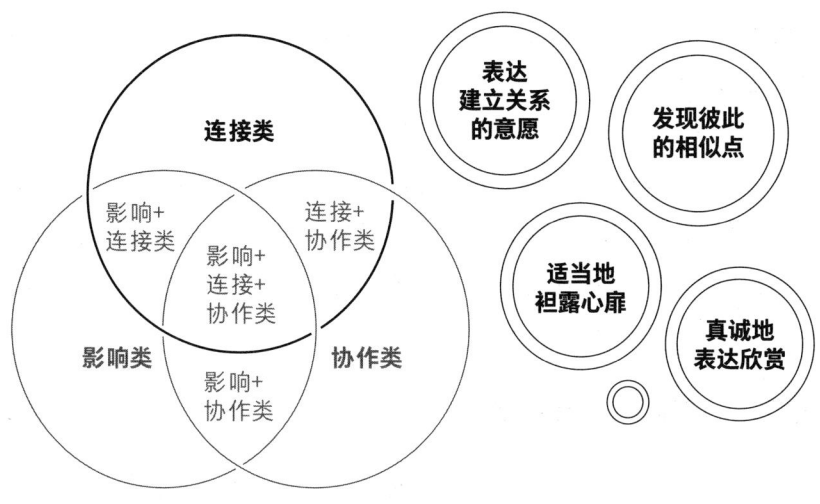

连接类目标的实现路径

路径一：表达建立关系的意愿

许多人期待与他人的关系能更进一步，但却不敢表达自己的真实想法。明明喜欢某个人，却从来不会说出自己的心声，只是默默为对方付出，期盼着对方能懂自己的良苦用心。表达建立关系的意愿，就是让对方知道你对彼此关系的期待，消除对方心里的不确定性，让对方了解你的真实想法。

当然，表达建立关系的意愿，是一件需要勇气的事，你需要承担被拒绝的风险。不过，风险总是存在的，突破人际关系的壁垒本身就是一场冒险。只要你的期待是美好的，对他人足够尊重，那么就有可能得到积极回应，因为你喜欢和认可的人，说不定也会喜欢和认可你。表达建立关系的意愿，不只适用于亲密关系，也适用于职场关系，其本质是为彼此的关系绘制一幅路线图，消除猜疑。比如你在某个领域是个新人，有机会接触到一位前辈，你可以向这位前辈表达你

171

对他的尊敬，希望能向他请教一些行业内的问题。显然这种表达，有助于加强你们之间的连接。

关于表达建立关系的意愿，你需要特别注意，这不是向对方提出要求，也不是强迫对方必须跟你维持较好的关系，只是说出你的真实期待，然后尊重对方的选择。你要始终告诉自己，不管结果是什么，都是最好的安排，即使对方不想让关系更进一步，你也了解了对方的真实想法，这要比你盲目努力更好。

路径二：发现彼此的相似点

在茫茫人海中遇见相似或同频的人，是一种幸福。若你发现自己喜欢的事，对方也同样喜欢，或你正在坚守的事，对方也同样在坚守，你就会有种相见恨晚的感觉。古人说"士为知己者死"，这并非夸大其词，反映的是一种惺惺相惜的强烈情感。如果你想实现连接类目标，可以试着寻找彼此的相似点。任何两个人之间都存在一些相似点，即使对方看似和你完全不同，只要你有意识地去寻找，一定会找到彼此的相似点。

人与人是不同的，彼此的相似点越多，两个人关系的支点也就越多，两个人也越能快速变得亲近。比如你去拜访一个客户，虽然彼此做了自我介绍，但依然感到比较陌生，讨论的话题也只是和产品相关。后来你发现你们来自同一个地方，于是自然地就聊起老家的往事，彼此的关系也瞬间变得特别亲近。还比如有位同事对你很有意见，你们缺乏对彼此的信任，但你的工作却需要他的协助。你了解到这位同事跟你一样，都特别推崇极简主义的理念。某次工作会议后，你们突然聊到极简主义理念，彼此很有共鸣。后来，你们不但工作配合得很默契，而且还成了好朋友。

关于相似点的选择，你还需要注意两点。第一，不要选择那些所有人都有的共同点。如果有人跟你说"哇，我们都长着眼睛和鼻子"，那么你肯定会觉得这个人不太正常。你找到的相似点越特殊、越多，就越能让对方感受到强烈的亲切感。第二，不要选择对方不重视的，或者想要刻意回避的特征。比如有个朋友遇见一位老乡，他觉得很亲切，但对方却表现得很冷漠，原来对方不太喜欢自己的家乡，也不看重同乡这个标签。

路径三：适当地袒露心扉

关系好的两个人，一般会共享更多私人信息。反过来，不熟悉的两个人，如果彼此能共享更多信息，关系往往会因此而变得更近。分享你的内心世界，适当地向他人袒露心扉，是一种促进彼此关系发展的有效途径。这里的袒露心扉，可能是讲述你的经历和故事、分享你的情绪感受和让你难忘的特别时刻等。当你向对方讲述自己的故事时，对方可能会感受到被信任，也会分享自己类似的经历，这会让你们的关系变得更亲密。

人际交往中，展示真实的自我虽然有风险，但也是快速建立信任的一种方法。风险主要体现在袒露心扉可能会暴露你的脆弱和不完美。事实上，相比于完美的人，我们更愿意接受一个真实的朋友。比如你是一位领导，跟下属们比较疏远。在一次会议中，你无意间提到了自己职业经历中的那些失误和成长，没想到这些分享竟然拉近了你和下属们的距离。由此可见，暴露自己的不完美并非坏事，有时候却是人与人建立连接的机会。

为什么要在袒露心扉之前加"适当"呢？因为无视场合、不分对象地袒露心扉可能会带来问题。有个词叫"交浅言深"，代表两个人的关系一般，却说些超越关系的话，让人不舒服。如果对方压根不想让关系更进一步，那么你袒露心扉可能会适得其反。所以，我们在表达自我的同时，也要关注对方的反应。如果对方的回应是消极的，那最好适可而止。

路径四：真诚地表达欣赏

人们在交往中，存在一个原始的动机——渴望被看见，也就是得到他人的认同和肯定。因此，表达欣赏会带给他人积极的情绪，让对方自我感觉良好。虽然理性会让我们看到他人批评的价值，但本能让我们更愿意靠近认可自己的人。当你想要改善自己跟他人的关系时，真诚地表达欣赏是个很好的选择。我们总是喜欢那些喜欢我们的人。

真诚地表达欣赏有一种强大而温柔的力量，会像春风细雨，滋养你和对方的关系。不管是你跟孩子的关系，还是你和同事的关系，它都可以带来正向的效果。有时候关系进展的速度可能比较缓慢，但对关系的改善是稳定而持久的。比如你是一位处理投诉的工作人员，面对情绪激动而又立场对立的客户，除了耐心倾听他的不满，你也可以发现他身上好的品质，并真诚地表达欣赏。若你发现他虽然生气，但在配合你解决问题，提的建议也是合理的，那么你就可以说："谢谢您配合我解决问题，而且您提的建议也是合理的……"还比如你认识了一位新朋友，在简单的交流后，你发现她很专业，对每个问题都有深刻的见解，那么你一定要将这种美好的感受反馈给她，这种反馈对关系的建立是非常积极的。

要想通过表达欣赏拉近彼此的距离，表达时一定要真诚，表达的言语一定是发自肺腑的。这里我之所以使用欣赏而不是赞美，是希望你能基于自己的真实感受去表达，避免刻意的夸赞。当我们表达赞美的时候，往往是为了夸赞某些行为或特质，而欣赏是一种更深层次的情感认同，不仅限于外在的成就或表现，更是对人本身的一种认同和尊重。比如朋友搞砸了一件事，这时候你要表达赞美会很怪，但可以表达欣赏。你可以说："你敢于尝试，本身就已经很勇敢了，搞砸了没关系，通过这件事你也学到了很多东西。"在这个例子中，虽然朋友搞砸了这件事，但这不妨碍你欣赏他的勇敢。

◎ **实现连接类目标该注意什么**

关于实现连接类目标，你已经认识了四条路径：你可以表达建立关系的意愿，可以去发现彼此的相似点，可以适当地袒露心扉，也可以真诚地表达欣赏。如果你期望通过沟通改善彼此的关系，那么使用这些路径去行动，就更有可能实现连接类目标。与影响类目标的实现路径一样，前面我所说的这些路径在使用中也没有先后顺序之分，适合当前沟通的就是最好的。你可以选择一条路径或多条路径，来实现自己的沟通目标。

在实现连接类目标的时候，前面介绍的这些路径都会带来积极的效果，但如果你不小心使用了相反的方式，关系就可能朝着更糟的方向发展。比如面对一个新认识的人，你没有去发现彼此存在的相似点，而是关注彼此的差异点，这样对方就会觉得你们的分歧很大，你们的关系也会更加紧张。不只是连接类目标，前面的影响类目标，以及接下来你将了解的协作类目标，其所有路径的相反方式，都会阻碍目标的实现。

我们生来就处在各种各样的关系里，不管我们是否愿意，都将与他人建立连接，而且在慢慢长大的过程中，我们会认识更多的人，建立更多的关系。在这个过程中，有的人会迷失在数量里，开始忽视一个基本事实：一个人的幸福感，并不取决于他所建立的人际关系数量，而在于这些关系的质量。这种质量也可以理解为连接的深度，而高质量的关系表现为彼此之间能共享更多的信息、拥有更多的信任、分享各自的情绪感受。最后，我想说：愿你能与生命里那些真正重要的人，通过更多的沟通建立更深的连接。

协作类目标，如何与他人共同搞定一件事

真正厉害的人，往往能够清楚地认识到自身能力的局限，在做事的过程中，也更善于借助他人的力量。从人类历史的宏观视角来看，我们之所以能取得如此辉煌的成就，其中一个重要的原因是个体之间通过有效沟通实现了复杂的协作。

提到协作，你可能最先想到的是职场，在这里人们通过相互协作制造产品或提供高品质的服务，其实协作也存在于家庭和社交场景里。只要你需要跟他人共同完成一件事情，就需要和他人协作，而现实中我们的很多沟通，也都是为了让协作更好地发生。

◎ 什么是协作类目标

协作类目标，是极简沟通目标模型中的三个基本目标之一。如果某次沟通中，你的需求主要是通过沟通与他人共同改变事物的状态，那这次沟通的目标就是协作类目标。比如，你早上到办公室，收到其他部门同事的邮件，他们的项目出现了问题，需要你提供一些数据。通过电话沟通，你提供了他们所需要的数据，并帮助他们解决了问题。晚上回到家，爱人告诉你设计师发来了装修方案，于是你和爱人进行了大量沟通，最终你们确定了双方都满意的方案。以上沟通中，你的需求只有协作类，那么你的沟通目标就是协作类目标。

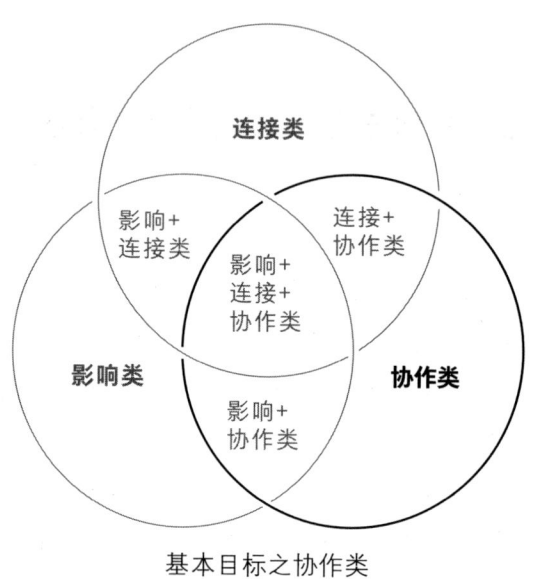

基本目标之协作类

要点一：关注点是事物的状态

影响类目标改变的焦点是他人，连接类目标改变的焦点是关系。对于协作类目标，你的焦点应在事物状态的改变——通过沟通和他人协作，共同让事物从一种初始状态变成另一种状态。比如飞机从机场起飞的过程中，飞行员需要跟塔台保持联系，通过沟通，才能让飞机安全地从地面升到空中。再比如前面你帮同事解决问题的例子，在沟通开始前，他们缺少数据，但经过沟通和协作，你为他们提供了所需的数据，问题随之被解决。

要点二：必须是为了协作的沟通

判断某次沟通的目标是不是协作类目标，你不能只关注事物状态的改变，还要关注这些改变是否由多人共同协作完成。如果没有协作存在，或者双方根本就没有沟通，自然也就不存在协作类目标。当然，也有一种情况，双方既需要共同完成一件事，同时也在进行沟通，但你想沟通的内容跟这件事无关，那你就不需要将沟通目标设定为协作类目标。

要点三：并不是每次协作都存在协作类目标

人与人的协作无处不在，但并不是每次协作都有协作类目标。在讨论沟通目标的时候，我说沟通目标不会自动产生，它是你主动设定的。有时候你跟他人需要协作完成一件事情，此刻你们也在聊这件事，但是你从来没有为自己设定过沟通目标，那么本次沟通也就不存在协作类目标。这一点不管是对影响类目标还是连接类目标，都一样。我们在判断某个沟通目标是什么类型时，默认了一个前提，那就是你准备或已经为沟通设定了目标。

◎ 协作类目标如何实现

一个人的职场竞争力，根本不在于能言善辩或左右逢源的能力，而在于创造价值的能力。如果善于实现协作类沟通目标，那么等于具备了更强的价值创造能力。同样的道理，一个幸福美满的家庭，不仅仅在于物质的富足，还在于有经营幸福的能力。你如果善于实现协作类目标，就能减少跟家人的冲突，一起应对生活的各种挑战。接下来，我们开始认识协作类目标的四条实现途径。

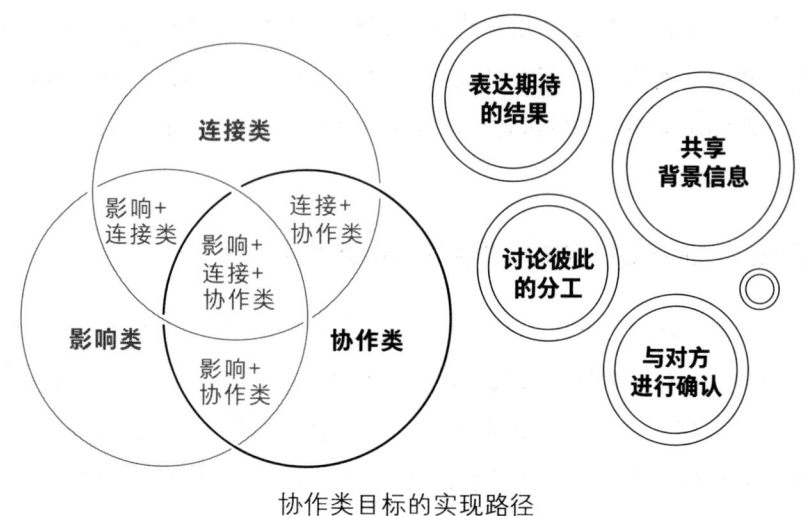

协作类目标的实现路径

路径一：表达期待的结果

如果你想通过和他人沟通，协作改变事物的状态，最好先清晰地表达你期待的结果，比如说明改变后的样子，或者双方该如何配合。为什么这一点很重要呢？因为表达期待的结果，可以让对方知道你想要什么以及该如何配合你。我发现协作中，许多人存在一个误解，以为眼前要做的事或要解决的问题是显而易见的，根本不需要自己多说什么，对方应该能看见。但事实并非如此，除非对方非常熟悉你做事的风格，或者你们已经拥有了某种默契，不然很难知道你期待的结果是什么。

如果你没有表达期待的结果，有的人可能会主动来问你，但大部分人只会按照自己的理解配合你。因此，表达期待的结果不但可以让你掌握主动权，也能让对方更好地配合你。比如你要和跨部门的同事共同完成某项工作，那么在开始具体的工作之前，你可以先和对方聊聊工作完成的标准,以及双方配合的方式。

职场协作中,表达期待的结果时,你需要特别注意。如果你是领导,完全可以只说自己想要什么(最终的结果),但面对职级相同的同事时,你不能在表达中让对方感到你在要求他,最好以分享和商量的方式来进行。这个过程中,除了分享自己的期待,你还可以倾听对方的期待,甚至你们可以对期待的结果进行讨论。

路径二:共享背景信息

如果说表达期待的结果,是向对方说明这件事做成后(或协作方式)的画面,那么共享背景信息,就是向对方说明为什么要做这件事。分享更多的背景信息,会让对方了解你的动机,知道这件事存在的意义,能够在做事的过程中把握核心要点。举个简单的例子,你让同事帮你倒杯水,那么你需要的水到底是热水还是冷水,是饮用水还是非饮用水呢?如果同时告诉他你的意图,比如你准备用这杯水浇花,那么他就完全知道该倒什么水了。在协作过程中,双方知道的背景信息越全,协作出错的概率也就更低。

工作复杂度越高,团队成员之间就越需要共享更多背景信息。在一个很多人参与的复杂项目中,每个人做的事情,都只是其中的一小部分,这种情况下共享背景信息显得尤其重要。比如在一个软件开发项目中,如果开发团队没有及时向测试团队说明最新的变更功能和更新代码,那么测试团队可能会在过时的代码上进行测试,导致测试结果不准确。同样,如果运维团队没有了解最新的功能和系统要求,那么他们在部署的时候,可能会遇到意外,甚至导致系统崩溃。

当然,共享的背景信息并不是越多越好,如果是不相关的信息,共享得越多,对他人的干扰也就越大。比如在某次工作交接中,你想把项目里所有的细节都讲给同事听，那就会耗费大量的时间，而且说不定没讲到一半，同事就不想听了。所以，在共享背景信息之前，你最好能对信息进行整理，为对方提供必要而不冗长的信息。

路径三：讨论彼此的分工

如果你是某项工作的主要负责人，那最好和所有参与者讨论一下彼此的分工。协作类目标的沟通重点是促使事物状态发生改变，而这些改变是一群人共同努力的结果。我们都想得到1＋1＞2的协作结果，但现实的情况也可能是参与者相互干扰，甚至出现内耗。对一个团队来说，没有分工往往意味着混乱，若每个人都挑自己感兴趣的工作，就会导致有些工作可能会重复做，而有些工作却没人做。讨论彼此的分工，可以确保每个参与做事的人都了解各自的职责。

很多管理者喜欢单向布置任务，这种情况下，每个参与者只是被动接受分工，他们没有机会表达自己的想法，也就很难被激发出参与感，那么大家协作改变事物状态的力量就会不足。因此，讨论彼此的分工，不只能让团队成员明确各自的分工，还能让大家对分工拥有共识，激发大家协作的意愿。

在实现协作类目标时，有的人不敢讨论分工，害怕这会让沟通中出现分歧。比如你想认领某个任务，但对方也想，或者你希望安排对方做某件事，但对方却想做另一件事。这在协作中是非常正常的，出现冲突恰恰意味着彼此需要共享更多信息。如果你的沟通目标是协作类，那么请切记，你不是为了改变他人，而是为了联合他人的力量。

路径四：与对方进行确认

对于协作类目标，你还可以通过与对方进行确认来实现。具体来说，就是将你的表达和对方的理解进行对比，然后消除可能存在的信息失真。信息失真在沟通中非常普遍，简单地说就是信息在传递的过程中发生了变化，导致对方实际收到的信息与原始信息不一致，它也是许多协作失败的主要原因。举个例子，某次沟通中你本来想表达的是A，但对方却听成了B，你认为已经表达得很清楚了，对方也认为自己理解得很清楚了，于是你们俩各自去完成手头的工作。可最后你才发现，原来你说的对方并没有理解，导致工作任务失败。

由此可见，我们对自己的表达越自信，沟通中出现信息失真的概率也就越大。与对方进行确认，就是默认误解会随时发生，然后主动避免潜在的误解出现的过程。尤其当某些信息对彼此都很重要时，你的职责就不仅仅是向对方传达信息，还需要确保对方准确地接收并理解了这些信息。比如你是一场活动的负责人，在活动开始前，你召集了所有参与者，并与每个人确认他们的出场时间和职责，显然这些沟通对大家的有效协作是非常重要的。

为了实现协作类目标，与对方确认也需要注意技巧，你必须根据所处的场合灵活变通。如果你觉得在公开场合确认不方便，也可以选择私下确认。至于确认的形式，既可以是你向对方罗列自己表达的要点，也可以是让对方复述你表达的要点。一般在面对上级或长辈时，由你罗列关键点与对方确认更合适，而面对下级或晚辈，你则可以要求对方复述来确认信息是否正确。在这个过程中一定要切记，如果发现偏差，你需要做的仅仅是补充新信息或纠正错误，而不是因此指责或否定对方。

◎ 实现协作类目标该注意什么

对于协作类目标，你可以通过表达期待的结果、跟对方共享更多背景信息、一起讨论彼此的分工，或者直接和对方进行确认来实现。这些路径不只在你主导的协作中有效，也能提升你参与他人项目的协作能力，良好的沟通始终是协作的基础。跟前面影响类和连接类目标的实现路径相似，实现协作类目标的这些路径也没有先后顺序，也不存在优劣之分，在同一沟通中你可以单独或叠加使用。

关于三种基本目标，我分别跟你分享了四条路径。这些路径并不是唯一的，除了它们之外，也存在其他的路径。我之所以分别选择了四条，一方面是为了追求精简，另一方面是因为这些路径是经过特别筛选的。在我看来，与其追求更多的路径数量，不如学会利用少数路径来实现自己的沟通目标。

我们之所以要和他人协作，并非只因为自己无法独自解决问题，而是与他人协作可以让我们更好、更快地解决问题。关于协作类目标的实现，你已经了解了很多，接下来你需要将它们应用到实际中。在一个协作无处不在的时代，提升自己的沟通能力，懂得如何实现协作类目标，一定会帮助你获得更多的机会。

组合目标，如何用沟通实现多种需求

如果你的沟通需求是单独的影响类、连接类或协作类，那么这次沟通的目标就是基本目标，前面我们讨论的就属于这种情况。但现实中的大部分沟通目标其实都是组合目标。它们与基本目标不同，每个组合目标都包含了两类或三类需求。极简沟通，希望帮助你将艰难复杂的沟通化繁为简，这些艰难复杂的沟通目标大多也是组合目标。

听我这么说，你可能会好奇：既然组合目标这么重要，为什么不一开始就讨论它们呢？其实我们对基本目标的探索，就是在为组合目标的实现做准备。虽然组合目标包含的需求更多，但我们依然会利用实现基本目标的路径来实现组合目标。

◎ 什么是组合目标

组合目标，是极简沟通目标模型的重要组成部分，指的是同时具有两类或三类需求的一类沟通目标。有时候你既想通过沟通带给对方改变，同时还想让彼此的关系更进一步，甚至还要跟对方一起改变事物的状态。若一次沟通中出现多类需求，且每类需求都不能被忽视，则此次的沟通目标就可以看作是组合目标。在目标模型中组合目标共有四种：影响＋连接类、影响＋协作类、连接＋协作类，以及影响＋连接＋协作类。

影响＋连接类

如果你希望通过沟通带给对方某些改变，同时又希望彼此的关系状态有所改变，那么这次沟通的目标就是影响＋连接类。这种目标类型可能存在于想要说服他人，但他人却对你比较抵触的场景中，你既想在带给对方改变的同时也关注彼此的关系；也存在于需要提出反对意见，但又希望给对方留下较好印象的场景中。影响＋连接类组合目标，代表这次沟通的焦点既是沟通对象的改变，也是彼此关系状态的改变。有时候你可能会纠结，到底优先关注哪一个呢？我给你的建议是优先关注彼此的关系，因为当你不能跟他人维持较好的关系状态时，却还想带给他人改变是非常困难的，即使此时你说的是对的，也无法得到对方的认同。

影响＋协作类

如果你希望通过沟通带给他人某些改变，同时要和对方合作共同改变某些事物的状态，那么这次沟通的目标就是影响＋协作类。这种沟通目标类型，可能出现在你需要说服他人，但又需要他们配合完成一些事情的场景中，或者是两人有分歧，但又要共同做出决策的场景中。在实现影响＋协作类沟通目标过程中，改变的焦点既包括沟通对象，也包括事物的状态。在实现这一类目标时，你需要特别考虑，带给对方改变的同时，是否能更好地联合对方完成一些事情？如果某种沟通方式只能带给对方改变，而对彼此的协作有害，那么你就要寻找能同时满足以上两类需求的沟通方式。

连接＋协作类

如果你的沟通目标是改善彼此的关系，并需要和对方一起完成一些事情，那么这次沟通的目标就是连接＋协作类。这种目标类型可能存在于双方关系不好，但又必须一起完成某件事的场景中；也存在于彼此不熟悉，却要相互配合解决问题的场景中。连接＋协作类沟通目标改变的焦点是彼此的关系与事物的状态。大部分情况下，我们都会认为好的关系状态可以让彼此协作得更好，但也存在例外情况。比如由于太在乎彼此的关系，不能向对方提供某些真实的反馈，这反而不利于眼前工作的推进。

影响＋连接＋协作类

在四种组合目标中，影响＋连接＋协作类是最特别的，不同于两类需求的组合目标，它包含了三类需求：你希望带给对方改变，同时又想让彼此的关系变得更好，还希望与对方一起将事物的状态改变。这类目标类型可能存在于双方关系不好、彼此想法不同，但又需要一起做事的场景中；也存在于你需要跟爱人共同做出某个决策，但彼此存在分歧的场景中；还存在于你需要说服父母接受你的想法，并给予你支持的场景中。在这些场景中，你必须兼顾三类需求。

在实现影响＋连接＋协作类目标过程中，沟通想要带来的改变是多元的，既有沟通对象的改变，也有彼此关系的改变，还有事物状态的改变，且这些需求同等重要。不过在实现目标的过程中，你并不一定要同时满足所有需求，可以优先满足其中一类或两类需求。比如先满足连接类需求，让彼此之间拥有更多信任感，然后再满足协作类和影响类需求。这里要特别提醒，沟通中我们的影响类需求是最容易激化矛盾的，因为大部分人不喜欢被改变，所以建议在实现组合目标过程中尽量将影响类需求后置。

◎ 组合目标的特点

关于组合目标，它只是反映了包含的需求，并不反映这些需求的优先级。比如我们会把影响＋连接类目标等同于连接＋影响类目标，并不会因为排在前面的需求不同，而把它们当作不同的目标类型，这么做是为了降低复杂性。但你需要知道，在实现目标时，某类需求的确可能存在优先级。

组合目标揭示了现实中沟通的复杂性。比如当爱人和你出现了分歧时，你虽然很想改变对方，但依然会尊重对方，因为除了影响类需求，你还需关注连接类需求。组合目标让我们关注多类需求，不会盲目放大某一类需求。所以，在实现组合目标的过程中，如果某个策略只能帮你满足其中一部分需求，甚至带来糟糕的局面，那么这个策略一定有问题。

组合目标虽然由基本目标构成，但你不能将其简单理解为基本目标的相加，因为每类需求不是孤立的，而是会相互影响，甚至动态变化的。你需要根据实际场景判断它们之间的关系，再选择相应的沟通方式。比如在实现连接＋协作类目标过程中，彼此的关系变好了，协作也能变得更顺畅，此时两类需求是相互促进的。而在实现影响＋协作类目标过程中，当你试图改变对方时，对方可能会感觉不爽，协作就会变得困难，此时两类需求是相互干扰的。

◎ 组合目标的实现策略

对于组合目标的实现，我们并不会讨论新的路径，而是会整合基本目标的路径。这绝不是为了做减法而刻意减少，确切地说，之所以要学习基本目标的实现路径，是为了能应对现实里大量的组合目标。因为组合目标才是我们需要面对的大部分沟通现实。关于组合目标，虽然不再学习新的路径，但我们还是会学习一些策略，以便更好地组合前面基本目标的路径。

策略一：觉察需求的变化

每个组合目标里的需求，并不是固定的，而是会在沟通的过程中持续变化的，你需要在沟通的过程中，时刻觉察对应的需求是否存在。比如刚开始你的沟通目标类型是影响＋连接类，结果在沟通中变成了影响＋协作类。这种变化意味着之前的连接类需求不那么重要了，而新产生了协作类需求。你在选择实现目标的路径时，就需要适应这种变化，如果你忽视协作类需求，依然准备满足连接类需求，那么这个组合目标就难以实现。

策略二：寻找兼容性的路径

当你面对某个组合目标时，需要关注的不是单类需求，而是两类或三类需求，所以你必须寻找兼容性的路径，不能让某条路径阻碍另一类需求的实现。比如你和爱人出现了一些分歧，你想改变他的某些看法，但显然不能破坏彼此的亲密关系。关于影响类需求，你可以使用强调好处或风险的路径，但是这条路径可能会让对方感觉你在讲道理，会伤害彼此的关系。于是你最终选择了讲述他人的选择，通过让爱人了解别人的故事来改变之前的看法。

策略三：把过程当作一次实验

实现组合目标的过程，并不是去做某件确定的事，更像是进行一场实验。实验意味着有可能会成功，也可能会失败，而我们唯一能做的就是基于过往的经验和当下的认知，努力提升成功的概率。基本目标的实现路径，可以为组合目标的实现提供必要的指导，但并不能确保每个组合目标都能实现。任何沟通都是动态的，组合目标是多类需求的结合，复杂性也会更高。只有把实现组合目标的过程当作一场实验，那么在沟通的过程中，你才会拥有更多好奇心，以探索者的姿态去尝试更多的可能性，这也是实现组合目标的最好状态。

极简沟通目标模型，根据沟通需求的差异，将不同场景下的千百个沟通目标，归纳为七种目标类型，其中三种为基本目标，四种为组合目标。虽然基本目标是基础，但组合目标才是大部分沟通的常态。通过对极简沟通目标模型的探索，我们对沟通的认知也发生了改变。过去当我们面对一次沟通时，我们眼里看到的仅仅是那次具体的沟通，现在我们可以觉察自己的需求，并定义目标类型，然后通过使用有效的路径，实现眼前的沟通目标。

应用极简沟通目标模型的四个步骤

现实中的每次沟通都是独一无二的,没有人能事先告诉你沟通目标该如何实现,目标模型也不是直接给你答案,而是指引你去寻找属于你自己的答案。极简沟通目标模型让你在面对每次独一无二的沟通时,先洞悉自己的需求,定义目标类型,再去找到能实现这些目标的有效路径。

关于极简沟通目标模型,你可能会有一个困惑:当面对一次具体的沟通时,我到底要做些什么?就像拥有一辆性能强悍的车,但你却不知道怎么开,那么它也无法带你翻山越岭。为了让更多人更好地应用目标模型,我总结出了四个更具体的操作步骤。

◎ 步骤一:觉察需求

极简沟通目标模型中的"影响""连接"和"协作"代表你的沟通需求,它们并非你实际的沟通目标。所以,你要做的第一件事是觉察自己的沟通需求。思考:我为什么要进行这次沟通,我希望通过沟通带来哪些改变?是希望改变沟通对象的某个选择(影响),还是希望彼此的关系能变得更好(连接)?或者想要一起完成某件事情(协作)?这种发现需求的过程,可以让你从无意识的沟通状态,切换为主动觉察需求的状态。

有一点你需要知道,在觉察需求的过程中,没有人可以帮你明确需求,你需要回归初心,倾听自己内心的声音。当然,更简单的做法是，你可以在影响、连接和协作中做出选择。这个过程虽然简单，但并不是所有人都能做好，大部分人会被某类需求所迷惑，而忘记了其他需求的存在。比如一对夫妻为孩子的教育问题相互指责，都在试图说服对方，但却忽视了他们其实还有维护关系的需求——他们内心都渴望能被对方理解，拥有信任和爱。

◎ 步骤二：定义类型

既然你已经明确了自己的需求，下一步就是将这些需求转变为目标类型。做法也非常简单，你可以在三类需求中通过排除法来完成。面对具体的沟通，你可以先分别询问自己是否存在某类需求，然后排除不存在的需求。比如你的沟通中没有连接类需求，只有影响类与协作类，那么这次沟通的目标就可以定义为影响＋协作类。定义目标类型的过程，是将具体的某次沟通抽象化的过程，在这个过程中你可以发现当前沟通的本质。

在定义目标类型的时候，你可能会发现自己的沟通中包含了所有需求，将大部分目标类型定义为影响＋连接＋协作类。虽然这代表你对每类需求都很重视，但也可能让你缺乏主次。如果某类需求在当前的场景中是可以被忽视的，那么你就可以暂时不考虑这类需求，这会让你的目标类型变得更简单，也更容易实现。当然，如果你已经成了目标模型的应用高手，可以将大部分目标类型都定义为影响＋连接＋协作类，这就意味着你对沟通有了更高的要求。我对大部分人的建议是，在需求和容易实现之间寻找一个平衡点，在确定目标类型时，遵循极简主义的理念，聚焦真正重要的需求。

◎ 步骤三：确定路径

经过前两个步骤，你已经拥有了一个沟通目标，那么接下来，你就要考虑这个目标的实现路径。如果说确定目标类型，是明确你的"目的地"，那么第三个步骤就是规划你的"路线图"。具体来说，你需要基于需求来选择合适的路径。如果是基本目标，你可以直接从相应的路径中选择，但我相信你的目标类型极可能是组合目标，你需要从多个基本目标的路径中选择。

我举个例子，要实现影响类目标，你可以选择以下路径：提出请求、强调好处或风险、讲述他人的选择，或者重置固有认知。但如果你的目标类型是影响＋连接类，那么你还要兼顾实现连接类目标的路径，比如表达建立关系的意愿、发现彼此的相似点、适当地袒露心扉，以及真诚地表达欣赏。如果你的目标类型是影响＋连接＋协作类，那么你还需要增加实现协作类目标的路径，它们分别是：表达期待的结果、共享背景信息、讨论彼此的分工以及与对方进行确认。

在实现组合目标的过程中，你可能会认为路径太多了，完全记不住，也无法从它们中间选择。其实目标模型已经完成了大量简化，它将现实中千百个不同的沟通目标，简化为七种类型。而且这些路径分属于三个基本目标，你只需要记住每个基本目标的实现路径就可以了。

◎ 步骤四：完成对话

确定了路径，并不代表沟通目标就能实现，你必须在路径的指导下完成具体的对话。你还记得吗？前面我们特意讨论过路径，我说路径就像你在演讲时屏幕上的关键词或图片，它只起提示和指引的作用,并不是详细的步骤或话术。完成对话,就是你在路径的指引下进行具体的对话。比如你和同事被委派完成某个项目,你要和他进行一次沟通,你确定的目标类型是协作类,于是你选择的路径是讨论彼此的分工,那么你需要做的是,围绕分工这个话题,跟对方聊一聊。由此可见,路径代表的只是你应该走的某条路,而不是具体的怎么走路。

如何将路径转换成具体的对话内容呢?有一个简单的做法是,你只需要针对路径向自己提出具体的问题,然后再将问题的答案作为对话的核心要点。比如,你想说服老板选择某个新方案,你确定的目标类型是影响+协作类,你选择的路径是强调好处或风险,同时还有共享背景信息。那么你就可以针对强调好处或风险向自己提问:过去的方案有哪些潜在风险?而新的方案又能带来什么好处?你可以针对共享背景信息,问自己:有哪些是以我的视角发现的信息?我为什么会想要改变方案?思考以上这些问题,你就会得到答案,即你跟沟通对象对话时表达的内容要点。

现实中每次沟通都是独一无二的,如果你想通过目标模型快速找到实现它们的路径,并在这些路径的指引下实现沟通目标,就可以遵循前面所说的这些步骤。首先,觉察需求,明确你内心对当前沟通的期待;其次,定义类型,将眼前的具体沟通和目标模型关联;再次,通过确定路径,匹配沟通目标的实现策略;最后,在路径的指引下完成对话,从而实现自己的沟通目标。单纯看这四个步骤,你可能会觉得复杂。这绝不是让简单的事情变得更难,而是通过训练,让你告别对经验的依赖。无论眼前的沟通多么艰难复杂,无论沟通对象是谁,你都懂得如何去实现自己的沟通目标。

如何用目标模型应对艰难复杂的沟通

现实生活中,你之所以认为某次沟通是艰难复杂的,往往是因为你觉得自己的沟通目标难以实现。这也是沟通高手区别于普通人的地方,他们往往具备更强的实现沟通目标的能力,在别人看来艰难复杂的沟通,对他们来说是简单的。这是因为他们有一套实现沟通目标的方法论。

极简沟通目标模型,就是希望为你提供一套实现沟通目标的方法论。不过目标模型与核心原则和状态象限不同,如果说核心原则和状态象限是为沟通成功创造有利条件,那么目标模型则是让你通过沟通得到自己想要的结果,拥有把目标变成现实的能力。

◎ 一次艰难复杂的沟通

接下来,我们看一个沟通案例。一对夫妻有了孩子后,由婆婆帮忙照看孩子。开始的时候一家人相处得非常愉快,但好景不长。婆婆有较强的控制欲,总是要求儿媳妇做些事情,这让儿媳妇很不开心。婆婆喜欢看电视,一看就很久,有时候会忘了照看孩子,儿媳妇因此总是抱怨婆婆,这让婆婆很不开心。婆媳间的摩擦越来越多。一天,儿媳妇终于忍不住爆发了,跟婆婆大吵了一架。在冷战了一天后,婆婆决定不照看孩子了,提出来要回老家。现在夫妻俩的工作都很忙,根本没法请假,短期内也无法请保姆。儿媳妇原本不打算与婆婆沟通,但后来决定通过沟通解决彼此间的矛盾,并挽留婆婆继续照看孩子。

◎ 如何用目标模型分析沟通问题

虽然儿媳妇和婆婆的关系破裂是从一次吵架开始的，但问题其实很早就出现了，缺乏沟通导致矛盾逐渐被激化。现在我们以这个案例中的儿媳妇为当事人，利用目标模型来分析她要面对的这次沟通。

通过前面的案例说明，我们已经知道，当事人想通过沟通改变婆婆的决定，希望婆婆留下来继续照看孩子，这里就存在影响类需求。此外，当事人希望通过沟通修复彼此的关系，所以这里也有连接类需求。照看孩子或完成家务事项，需要一家人相互配合，所以这里还有协作类需求。我们可以将当事人的沟通目标类型确定为影响＋连接＋协作类。

接下来，我们再来看看这些需求之间的优先级。影响类需求虽然是第一类需求，但在彼此的关系没有缓和之前，当事人很难说服婆婆留下来；而协作类需求是为了避免婆婆留下来后，再出现类似的冲突，沟通目的是一家人更好地配合。不管是影响类需求还是协作类需求，这些需求的满足都需要从满足连接类需求开始。

当事人要在这次沟通中实现自己的沟通目标，到底该怎么做呢？我们可以回忆前面学习过的沟通路径。关于连接类目标的实现，我们讨论过的路径有：表达建立关系的意愿、发现彼此的相似点、适当地袒露心扉，以及真诚地表达欣赏。如果拿前两个路径展开来说，表达建立关系的意愿，意味着当事人需向婆婆表达想要修复当前关系的意愿，比如说自己希望做些努力，让彼此能和睦相处。而发现彼此的相似点，意味着当事人可以跟婆婆表达彼此都在乎的一些方面，比如双方都特别疼爱孩子，都希望这个家越来越好。这些表达有助于让彼此的关系缓和，让双方拥有更多的信任感。

◎ 用目标模型解决问题的过程

前面我们以儿媳妇为当事人，借助目标模型分析了当事人的需求和目标类型，并简单探讨了一些实现沟通目标的路径。现在转换一下视角，假设你就是当事人，或者站在当事人的视角面对这次沟通，思考该如何利用目标模型解决问题。我们依然会用一个熟悉的框架，探索目标模型这个工具如何通过提醒、激励、定位、指导来帮你创造价值。

提醒，让你能觉察 当事人决定要跟婆婆沟通，如果她懂得目标模型，那么在正式开始之前，目标模型会提醒她觉察自己的需求，明确自己的沟通目标，避免在不知不觉中将沟通变成冲突。

激励，让你有动力 面对复杂的沟通情况，我们往往会感到不知所措，从而动摇沟通的动力和信心，甚至会因此放弃沟通。当事人如果懂得目标模型，意味着她对眼前的沟通拥有一个目标实现框架，这会增强她沟通的信心，从而提升沟通的动力。

定位，让你知现状 当事人在和婆婆沟通之前，越是对当前沟通拥有全面的认知，沟通成功的概率也就越高。沟通前，当事人通过觉察自己的沟通需求，确定当前沟通的目标类型，对沟通过程中的变化拥有觉察力，时刻聚焦于当前沟通的本质。

指导，让你有计划 目标模型的指导功能，体现在不管具体的沟通目标是什么，它都能帮助当事人找到实现沟通目标的路径。当事人在和婆婆沟通之前，已经明确了自己的需求，也确定沟通目标类型是影响＋连接＋协作类，假如她非常熟悉每种基本目标的实现路径，就可以通过挑选或组合这些路径，实现自己的沟通目标。

前面我们用一个案例,讨论了如何用目标模型应对艰难复杂的沟通问题。虽然每次艰难复杂的沟通都不一样,但这个讨论的过程或许可以给你一些启发。如果未来你不得不面对一次艰难复杂的沟通,不用担心,更不要恐慌,你只需要利用目标模型,倾听内心的声音,觉察自己的需求,然后基于自己的需求确定目标类型,最后选择有助于实现目标的路径,并在这些路径的指引下,勇敢进行对话。相信你一定可以应对各种挑战,最终实现自己的沟通目标。

干扰目标模型应用的五种误解

极简沟通"三剑客"工具,是基于模块化的设计,每一个都很重要,它们各自有自己独一无二的使命,它们就像是三位不同的"骑士",帮你守护每次沟通,支持你将艰难复杂的沟通化繁为简。我之所以按照核心原则、状态象限和目标模型的顺序来介绍,是因为极简沟通更加注重由内而外的改变。当你拥有积极的信念(或消除四种陷阱式信念),能创造出理想型沟通状态时,你的沟通目标自然就更容易实现。

当然,如果你问我极简沟通"三剑客"工具中哪一个最难学习,我应该会说是目标模型。目标模型将现实中无数个具体的沟通目标,根据三类需求划分为七种类型,这是一个从具象到抽象的过程,根据目标类型获得相应的路径后,你又需要在路径的指导下完成对话,这个过程则是从抽象到具体。目标模型虽然学起来并不容易,但它对我们提升沟通能力是非常重要的,不但能帮助我们洞悉某次沟通的本质,而且还能提供实现目标的路径。为了帮你更好地掌握目标模型,我们接下来会探讨几种常见的误解。发现和消除这些误解,也是学习目标模型的重要过程。

◎ 误解一:目标模型能告诉我沟通目标是什么

极简沟通目标模型并不会告诉你,你的沟通目标应该是什么,或者你要有什么样的需求。它只是对你的需求进行定义,让你抓住当前沟通的本质。至于你想通过沟通得到什么，这个问题没有人能替你回答，你只能询问自己的内心。例如，在你进行某次沟通之前，我作为旁观者可能会猜测，你的目标类型可能是影响＋连接类，但如果你认为仅是影响类，那么最终还是应该以你的判断为准，因为沟通目标是私人的，它的设定大多是个人独自完成的。

◎ 误解二：基本目标存在于特定场景中

基本目标指的是需求单一的沟通目标类型，它跟具体的沟通场景不存在对应关系。你不能断定影响类目标只存在于职场中，也不能说连接类目标仅在社交场合中存在。实际上，我们的需求可能出现在所有的场景中，因此目标类型也不会有场景的限制。比如在家庭场景中，你说服孩子主动收拾玩具的过程中有影响类需求；在职业场景中，你找老板给你升职加薪的过程中有影响类需求；在社交场景中，你在给朋友提建议的过程中也有影响类需求。

◎ 误解三：路径一定会保证目标实现

基本目标中的所有实现路径，都不是唯一的，它们是我为你特意选择的，相比而言是更有效的，或者更容易实现基本目标的路径。比如你想影响某个人的选择，强调好处或风险这条路径，代表你可以向他讲述原有选择的风险，以及新选择将会带来的好处。它们仅仅告诉你，这条路径一般比较有效，但你最终能否到达你想要的终点，还需要看具体的沟通过程，以及你的沟通对象本身。比如你希望通过强调好处或风险这条路径实现自己的沟通目标，但是若你所讲的风险并不被对方认可，你表达的好处也无法打动对方，那么你也就无法改变对方的选择。

◎ 误解四：目标模型能帮你判断目标的正确性

有时候你可能会赋予目标模型一种期待，那就是帮你判断什么是正确的沟通目标。事实上，它只能帮你定义自己的沟通目标类型，从而找到实现沟通目标的路径，让你在这些路径的指引下去沟通。比如，某个不良商贩准备将劣质产品卖给客户，他可以将这个沟通目标定义为影响类。虽然分类没错，但这个沟通目标显然是不道德的。影响、连接和协作类目标描述的仅仅是我们希望通过沟通实现的目标，但在具体的沟通中，目标也有善意的和恶意的之分。恶意的沟通目标哪怕实现了，最终也会让人付出某些代价。目标模型并不能帮你判断沟通目标是否合理或正确，你需要自己做出判断，也应该为目标承担责任。

◎ 误解五：目标类型一旦确定就不会改变

我们和他人的沟通，并不总是正式的、事先需要准备的，经常是即时发生的。很多沟通中，我们可能都不会为它们设定目标，即使设定沟通目标，这些目标也是动态的。沟通开始前的目标和沟通过程中的目标可能不一样。所以，我们定义的沟通目标类型是当下的，而不是未来确定不变的。你可能会随着需求的变化而主动改变目标类型。比如你对爱人的某个行为不满，想通过沟通带给对方改变，于是开始跟对方讲道理。爱人的情绪由此变得低落，甚至出现了抵触情绪，于是你的影响类需求不那么重要了，你有了更重要的连接类需求，开始主动道歉，试着表达接纳，希望主动修复彼此的关系，这个时候你可能会将沟通目标设定为影响＋连接类。

在探索极简沟通"三剑客"工具的过程中,出现误解是不可避免的,与其回避误解,不如主动去发现和讨论它们。无论你是否有上述的误解,通过对这些误解的讨论,你都将对极简沟通目标模型有更深入的理解。极简沟通目标模型,聚焦目标背后的需求,希望你在沟通的过程中,能时刻从自己内心的真实期待出发,而不是被某个目标绑架。只有时刻觉察自己的需求,使用正确的方法,你才能用沟通创造出更多的幸福。

本章小结 ▶

我们每天都会经历大量沟通，但很多人却从未审视过这些沟通的意义，也很少为沟通设定目标，被动地参与到别人创造的对话里，自己不但没有从中得到有价值的信息，反而消耗了大量精力。极简沟通目标模型，让你从三类需求出发，从被动的沟通参与者，真正转变为主动的沟通创造者。

现在，你已经完成了极简沟通"三剑客"工具的学习。核心原则让你聚焦自己的信念，通过四条原则（平衡原则、路径原则、主体原则和权益原则）远离常见的陷阱式信念。状态象限让你真正关注沟通对象，定义了四种代表性沟通状态（破坏型、友好型、风险型和理想型），带你远离破坏型沟通状态，让沟通过程靠近理想型状态。目标模型则让你将焦点放在自己的沟通需求上，帮助你实现不同的沟通目标。接下来，我们并不会停止，而是将踏上新的征程，探讨如何让"三剑客"工具成为我们生命的一部分。

第五章 如何实现对极简沟通的知行合一

如何成为沟通高手？极简沟通开辟了一条全新的路。在这条路上，我们通过减法思维修炼自己的沟通能力，从核心原则开始，到状态象限，再到目标模型。现在你完全认识了极简沟通"三剑客"工具，如果你能在沟通过程中恪守核心原则，能创造出理想型沟通状态，能明确自己的沟通需求，那么你就更有可能将艰难复杂的沟通化繁为简。

完成"三剑客"工具的学习后，你可能想停下来，但我要提醒你，此刻并非终点。虽然你获得了很多知识，也拥有了工具，但依然可能在重复使用旧的沟通方式。所有的知识和工具，目前还只存在于你的认知里，而没有真正融入你的行为习惯中。如果你无法做到知行合一，那么也就难以成为真正的沟通高手。

极简沟通这条路，将在你的脚下继续延伸，此刻将变成新的起点。那么在提升沟通能力的过程中，我们应如何确保自己做到知行合一呢？接下来我们将探索极简沟通 ACE 系统。ACE 系统就像一座桥梁，会把你面对的实际沟通场景与极简沟通"三剑客"工具连接起来，让你对核心原则、状态象限和目标模型进行刻意练习，让它们真正成为你习惯的一部分。

习惯性模式与注意力模式

学习的意义不在于知道,而在于用自己的所知去创造自己想要的一切。极简沟通的学习更是如此,你掌握的每个工具,都是为了提升你的职场竞争力,让你更有领导力,或者增强你经营幸福的能力而存在的。我见过很多学习者,他们的确投入了大量时间学习理论,也热衷于获得更多知识和技巧,但学习效果却并不明显。他们总以为自己知道得越多,能力就提升得越快,但往往事与愿违。

◎ 为什么拥有知识,却没能获得能力

很多人想要提升沟通能力,于是花了许多时间学习理论,但结果只是增加了大量的沟通知识,能力却没有大的提升。你可能会说"知道并不代表掌握",为了避免这种情况,我们必须思考:为什么拥有了知识,却没能获得能力?

要回答这个问题,我们必须认识到:沟通是个实时互动的过程,这个过程伴随我们大脑资源的消耗。参与任何一次对话,都要准确理解对方的意思,还要给予对方即时又恰当的回应,有时候甚至还要处理一些意外的情况。在这种即时的互动中,由于注意力高度集中,我们可能没有额外的精力从大脑记忆中调取"储存"的各种知识。另外,我们在沟通中的很多表现,还会受一些本能情绪的干扰。比如你和同事在工作中出现了分歧,对方说了一些难听的话,你可能会立即怼回去,甚至同样说些狠话。

我们经常会忽略前面的现实，以为沟通中自己的表现是由自己的认知所决定的，事实上并不是，真实的沟通会受到很多因素的影响。所以，拥有了很多沟通的知识，并不等于具备很强的沟通能力。对这个现象的持续关注，让我发现人们在沟通中存在两种模式。

◎ 沟通的两种模式

如果你认真观察人们的沟通过程就会发现，绝大多数的沟通，都是在无沟通意识的状态下进行的，只有少部分沟通是在有意识的状态下进行的。为了区分这两种不同的沟通过程，我将前一种无沟通意识的过程称为习惯性模式，把后一种有意识的沟通过程叫作注意力模式。它们听起来可能有点儿复杂，接下来我将用两个例子向你解释。

先看第一个例子。你下班回家，和爱人聊起了当天的工作，说了许多公司的事情。如果没有人提醒你，你可能并不会意识到这是在进行沟通。在这个过程中，你可能不会想到任何沟通技巧，也可能不会思考沟通的目标是什么，这就是习惯性模式的沟通。接下来我们再看第二个例子。假如你的工作出现了失误，你需要向上级汇报情况。此刻你的内心非常忐忑，对于这个即将进行的对话，你的注意力高度集中，大脑高速运转。你一直在心里预演沟通的过程，试图找到更好的沟通方法，这就是注意力模式的沟通。

习惯性模式

我们日常生活中的许多行为都是习惯性的，有些行为你可能并未觉察，但却很自然地完成了。比如出门穿鞋的时候，你一般是先穿左脚，还是先穿右脚呢？这个问题你可能从来没有想过，但每次出门前，你一定会穿好鞋子。沟通也一样，很多时候虽然你没有意识到沟通的存在，但却已经跟别人完成了一次次沟通。

在习惯性模式的沟通中，你会沉浸在彼此的对话里，表达自己的想法，倾听和回应对方的问题，不会从当前的沟通中抽离出来，以他人视角审视眼前的沟通，这是一种无沟通意识的沟通过程。我们每天经历的大部分沟通，都是在这种模式下发生的，它们占据了全部沟通中的绝大部分。

注意力模式

虽然我们有许多行为是出于习惯，但有些行为必须在有意识的状态下才能进行。比如你要去某个城市出差，此刻正在收拾自己的行李，你仔细地检查着每一件物品，将它们整齐地收纳到一起，确保没有遗漏任何物品。这类似于我们经历的一些沟通，需要对当前的对话高度集中精神，由于害怕出现问题，于是会努力确保沟通朝着正确的方向前进，主动选择表达的内容，明确该说什么、不说什么。

如果你持有驾照，还记得刚学会开车时手忙脚乱的自己吗？你认真观察着车子的行进状态，时刻准备应对可能出现的意外情况，这个时候如果有人找你说话，你往往无暇顾及。面对艰难复杂的沟通场景时，我们可能会有类似的反应。我们的大脑在高速运转，一边倾听对方表达的内容，一边观察对方的行为，同时还要审视自己的回应是否得当，以应对可能会出现的各种突发情况。这时你会更理性，试图觉察此刻对话的意义、认真分析沟通的现状，以及使用已有的知识和工具。

注意力模式的沟通，因为具有高度觉察的特点，所以会比习惯性模式的沟通消耗更多的大脑资源，一天当中如果有大量这样的沟通，你可能会觉得特别疲惫。也正因为这一点，那些不是很重要的沟通，都会变成习惯性模式，以减少对我们大脑资源的占用。

◎ 两种模式的关系

你可能会好奇，以上两种模式到底哪种更好呢？其实它们没有好坏之分，各有优点，而且彼此互补。习惯性模式消耗更少的大脑资源，让你轻松应对现实中的大部分沟通；而注意力模式让你为那些可能会产生严重后果的沟通分配更多的精力和资源，以便能妥善应对它们。

这两种模式也可以相互转换。如果习惯性模式的沟通出现了异常，你一旦觉察到风险，就可能瞬间将沟通转变为注意力模式。这会让你投入更多的精力以应对眼前的挑战，你的大脑会开始快速地分析沟通中的问题，试图找到更好的解决方案。随着对话的不断进行，问题得到了解决，对话的氛围也会再度变得轻松，沟通也会从注意力模式逐渐转变回习惯性模式。

同样在习惯性模式下，每个人的表现也不同，这是后天学习和训练的结果。当我们在注意力模式下不断重复某种沟通方式，刻意练习一些方法和技巧之后，它们逐渐就会变成我们的沟通风格，体现在我们的习惯性模式里。因此，学习沟通的过程，就是要以注意力模式为起点，经过不断地刻意练习，将知识和工具内化为习惯性模式的过程。

为什么拥有知识却没获得能力？正是对这个问题的思考，让我发现了两种沟通模式，让我用一种全新的视角审视人与人的沟通过程。极简沟通"三剑客"工具的确很强大，但仅仅知道它是什么，并不能直接让你成为一个沟通高手。只有通过注意力模式下的刻意练习，把"三剑客"工具变成自己的习惯性模式，你才能成为一个真正的沟通高手。

沟通能力到底该怎么提升

现在你已经知道核心原则是什么，也了解了状态象限的四种沟通状态，还认识了目标模型中的影响类、连接类和协作类需求。但在实际使用中你未必会想到它们，尤其在习惯性模式的沟通中，你可能还是会重复用过去无效的沟通方式。

那么，你觉得一个人的沟通能力体现在哪里？是习惯性模式还是注意力模式呢？答案你可能猜到了，就是习惯性模式。沟通能力强的人，他们不仅知道很多道理，更能在无意识的状态下也表现出较好的沟通行为，比如他们更懂倾听、表达更善意、回应更积极等。相反，沟通能力较弱的人，往往会在不知不觉中说出很多伤人的话，用敷衍和不耐烦的方式回应别人。

◎ 让工具融入习惯性模式

前面介绍两种模式的关系时，我说习惯性模式下的表现并不是与生俱来的，而是后天学习和刻意练习的结果。因此，我们学习极简沟通的过程，就是把"三剑客"工具融入习惯性模式的过程，在这个过程中，我们可能会经历三个阶段。

第一阶段：面对某次沟通，你往往不能立即想起"三剑客"工具，可能需要特别提醒自己，才会有意识地远离陷阱式信念，思考沟通所处的状态，分辨沟通目标背后的需求。这个阶段你知道工具，但没有应用工具的意识，对工具的应用也不熟悉。

第二阶段：你开始能熟练使用"三剑客"工具了。面对一次艰难复杂的沟通，你不需要刻意回忆，就可以用核心原则检查自己的信念，注意彼此沟通的状态，觉察自己的沟通需求和目标类型，对应用工具有了主动的意识，且随着使用频率的提高，对"三剑客"工具的应用也变得较为熟练。

第三阶段：你开始能让"三剑客"工具将沟通变成习惯性模式。这时你不会想到某个具体的工具，而是专注于当前的沟通，但你的行为都符合极简沟通"三剑客"工具的要求，能主动远离陷阱式信念，让沟通靠近理想型状态，使用有效的路径去实现自己的目标。所以，如果我们说，要让工具融入习惯性模式沟通中，就代表你要进入第三阶段。

◎ 建立自己的能力培养清单

认识了刻意练习的三个阶段后，接下来我们要探讨一个更具体的问题："三剑客"工具的刻意练习到底该怎么实现？对于早期的极简沟通学习者，我们所使用的方法是：对于"三剑客"工具所涉及的能力，根据自己的情况，建立一个能力培养清单，然后根据这个清单进行刻意练习。

具体要怎么做呢？让我来给你举个例子。比如要在沟通中更好地应用核心原则这个工具，你就需要具备觉察个人信念的能力，确保自己能及时发现某种陷阱式信念；也需要拥有践行平衡原则的能力，确保在每次沟通中都能坚持"我们都是重要的"。而对于应用状态象限这个工具，你则需要具备觉察他人情绪感受的能力，以及让沟通状态从一种状态转变为另一种状态的能力。

前面举例的这些能力，是应用"三剑客"工具涉及的众多能力中的一部分。如果你发现自己缺乏某种具体的能力，就可以把这种能力的训练添加到自己专属的能力培养清单中，并对其进行刻意练习。

如果你真的想成为沟通高手，仅仅知道建立清单的方法还不够，还需要动手去创建这个清单。如果你还没有这么做，建议暂停阅读，先抽出一个小时的时间回顾极简沟通"三剑客"工具，并根据自己的实际情况，建立属于你个人的能力培养清单。列出清单以后，你一定会有新的发现。

◎ 对能力培养清单进行整理

通过收集和归纳不同人的清单，我发现了一个现象，那就是虽然每个人的清单不同，但大家应用"三剑客"工具所需要的能力基本可以被归为三类：提升获取信息的能力、提升做出决策的能力，以及提升行动表达的能力。

获取信息的能力，就是在核心原则、状态象限和目标模型的指引下，去获得与当前沟通有关信息的能力。比如你在沟通中是否持有陷阱式信念，是否很好地践行了某条核心原则，自己创造的沟通状态是友好型还是破坏型等。

做出决策的能力，指的是在获取了前面的信息之后，做出判断和决定的能力。例如，你发现自己未能遵循路径原则，会选择维持现状还是做出改变？你注意到自己的沟通处于风险型状态时，是否要改变带给他人的情绪感受？你发现自己的目标类型是连接类时，又该挑选什么路径来实现自己的目标？

行动表达的能力，指的是你做出具体决定后，可以通过表达实现预期结果的能力。例如，你可能想消除某种错误的信念，坚守核心原则，但你未必就能轻松做到。你可能需要一些自我对话，来帮助你实现这些改变。还比如你希望让沟通状态从友好型变成理想型，那么你就需要表达一些让对方认知到大的价值意义的观点，只有这样，状态才会发生改变。

有了这样的分类之后，你可以拿出自己的能力培养清单，按照前面的分类，将它们重新整理。如果你发现某个分类下，自己需要培养的能力比较少，那么有可能你在这个维度的能力较强，也有可能你之前的思考不够全面。如果你觉得自己的能力并不强，那就查漏补缺，进一步扩展自己的清单。

为了让极简沟通"三剑客"工具的应用变成自己的能力，我们需要从注意力模式入手，对"三剑客"工具的应用进行刻意练习。为了让刻意练习更容易实现，我们可以根据自己能力的具体情况，建立一个独一无二的能力培养清单，然后对这个清单进行分类，再进行刻意练习。此刻，关于如何培养自己的沟通能力，你已经有了答案，现在需要的仅仅是行动。

极简沟通ACE系统

现在我们拥有了一个共识：要想成为沟通高手，不能只停留在知道的层面，还要追求知行合一。关于知行合一，许多人都在表达它的重要性，但如果你去观察人们的行为，就会发现大部分人都难以做到。之所以存在这个现象，一方面是因为做到知行合一本身很难，另一方面是因为关于知行合一的定义和标准，每个人的理解都不同。而在极简沟通里，我们所说的知行合一，就是让极简沟通"三剑客"工具的应用成为自己习惯性模式的过程。

◎ 将培养清单转变为任务

为了让极简沟通"三剑客"工具的应用成为学习者的习惯性模式，前面我们讨论过一个方案，就是建立自己的能力清单，然后再进行刻意练习。虽然这个方案有不错的效果，但我发现它也存在两个问题。首先，清单将完整的工具拆分成众多小能力，这有助于更好地刻意练习，却远离了少即是多的初衷。比如一位极简沟通的学习者，她的能力清单里包含了三十多种小能力，显然这是非常碎片化的。其次，清单本身是被动的，它的价值取决于我们是否能想起它，非常依赖于个人的主动性。

一个偶然的机会，我意识到任务可能是更好的选项。因为清单只代表事情本身，而任务则代表你需要去做事的动作。清单没有反映你与这些事的关系，而任务明确了这些事属于你的职责。后来在对极简沟通进行升级的时候，我开始用任务替代清单，同时为了践行少即是多的理念，避免碎片化问题的出现，我也减少了任务的数量，将前面清单的分类——获取信息的能力、做出决策的能力以及行动表达的能力，转化为三个任务。将获取信息的能力转化为评估任务，将做出决策的能力转化为选择任务，将行动表达的能力转化为创建任务。

将清单转化为任务最大的好处是，我们可以不用建立自己的能力培养清单，只需要在每一次沟通中执行评估、选择和创建任务，就能完成对"三剑客"工具应用的刻意练习。听我这么说你可能会好奇，具体是怎么做的呢？接下来，我们将要探索的极简沟通ACE系统，就是具体的方法论。它让你有意识地去获取与"三剑客"工具相关的信息，有意识地使用这些工具做出决策，并根据"三剑客"工具去行动。

◎ 建立极简沟通ACE系统

我们首先来介绍什么是极简沟通ACE系统。这里的A是评估（assess），代表完成评估任务；C是选择（choose），代表完成选择任务；E是创建（establish），代表完成创建任务。这三个字母组合起来就是ACE，有王牌的寓意，也比较好记。至于为什么称它们为系统，是因为这三个任务相互联系、相互作用，形成了一个整体，发挥着特定功能的价值，这本身就是系统的特征。

具体来说，评估、选择、创建这三个任务彼此之间是相互影响的。如果你能在评估任务中得到更多准确的信息，那么将在选择任务中更容易地做出正确的决定，而正确的决定会让你在创建任务中，采取迅速而有效的行动，你的行动又将有助于你再次对任务进行评估。它们不是一个单向的流程，而是一个可以在沟通中不断进行的循环，让你在沟通过程中时刻保持觉察力,并自动自发完成更多"三剑客"工具的刻意练习。

极简沟通ACE系统

极简沟通ACE系统,是为了让你实现对极简沟通的知行合一而存在的,本质上它是一套能力发展方案。不管是评估、选择或创建任务,在完成这些任务的过程中,你都会处于注意力模式,会带着觉察力把应用"三剑客"工具当作一种职责,从而逐渐让这些工具融入你的习惯性模式。

◎ ACE系统为什么能帮助实现知行合一

成为沟通高手,你不仅仅要有工具,还要让这些工具成为自己的一部分。ACE系统会通过三个任务,让你在注意力模式下练习使用"三剑客"工具,对自己的觉察力、决策力、表达力进行综合训练。它不是单独提升沟通能力的某部分,而是从整体的角度,训练你具备应对艰难复杂沟通场景的能力。

在前面讨论评估、选择和创建任务时,你可能会想:评估什么?如何做出选择?该怎么创建?答案就是通过极简沟通"三剑客"工具来实现。ACE系统整合了极简沟通"三剑客"工具,对评估来说,就是评估"三剑客"工具所对应的三个关键因素：你所持有的信念、沟通对象的情绪感受以及他们认知到的价值意义、你的沟通需求和目标。对选择和创建而言，就是分别根据评估的结果，利用"三剑客"工具做出判断，并采取行动实现你想要的改变。比如你发现沟通状态是风险型，需要通过选择和创建，将其变成理想型。

关于 ACE 系统所提供的价值，如果要用一个比喻来说明的话，那应该是桥梁的作用，ACE 系统就像一座桥梁，帮你把那些艰难复杂的具体沟通场景和"三剑客"工具连接了起来。不管面对怎样的沟通对象，处于怎样的沟通场景中，你都可以通过 ACE 系统应用"三剑客"工具，让这些沟通化繁为简。

在介绍极简沟通的时候，我总是会将"三剑客"工具和 ACE 系统并列起来，因为它们共同构成了这门创新的沟通学问。"三剑客"工具是极简沟通的关键构成，但如果没有 ACE 系统，这些工具可能无法融入你的世界，不能成为你的一部分，无法替你解决现实的问题。当然，没有"三剑客"工具，ACE 系统也不会存在，因为 ACE 系统是你在学习"三剑客"工具后的一种自我训练，它不会提供新工具，目的只是让你更好地使用"三剑客"工具。

ACE系统怎样整合"三剑客"工具

极简沟通 ACE 系统的主要构成是评估、选择和创建任务，前面我们说这些任务的实现，依赖于"三剑客"工具。那么具体该怎么做呢？ACE 系统是如何整合"三剑客"工具，并将艰难复杂的沟通化繁为简的？这就是接下来我们要讨论的话题。

当我们说沟通的时候，一般指的是沟通正在进行的时刻，而很容易忽视沟通以外的时刻。善于沟通的人，他们既懂得在沟通前做些准备，从而让自己在沟通中反应更快，也会在沟通后复盘整个过程，甚至做出及时补救。因此，在使用 ACE 系统整合"三剑客"工具时，我们也需要结合不同沟通阶段的特征，从三个方向进行整合：在沟通前，通过"三剑客"工具做好准备；在沟通中，使用"三剑客"工具灵活应对；在沟通后，利用"三剑客"工具实现补救或复盘。

◎ 沟通前：做好准备

这里的"沟通前"指的是你意识到要进行某次沟通，但彼此的对话还没有真实发生的阶段。这个阶段的时间有长有短，可能是数天，也可能只有几分钟。如果某次沟通非常重要，或者是艰难复杂的，你就可以利用这些时间，在大脑中预演沟通的过程，主动发现沟通中潜在的问题。如果你能提前预估到某些问题，并做好准备，那么沟通中你的表现也会更好。

明确了这一阶段的定义和重要性后，我们再来探讨 ACE 系统如何让我们做好准备。在这个阶段，将ACE系统与核心原则结合，意味着对自己的信念进行觉察和调整，确保我们在沟通前不带有陷阱式信念；与状态象限结合，意味着事先预判接下来的沟通可能处在哪种状态，并选择更好的对话方式；与目标模型结合，意味着在沟通前关注沟通目标，洞察自己的需求，并事先考虑实现目标的路径。

关于沟通前的准备，最理想的状态是：全力准备，但不依赖于准备。你有你的计划，而实际的沟通未必会遵循你的计划进行，有时候准备的方案没用上，但这并不意味着准备过程的失败。沟通过程是变化的，没有人可以预先设计一切，准备的价值就在于让准备成为一种备选方案。比如你在和某个客户沟通前，担心他会提出苛刻的问题，于是做了很多准备，结果客户很友好。这里的准备看似是多余的，但却是不可缺少的前置环节。

◎ 沟通中：灵活应对

这里的"沟通中"指的是你开始和对方对话到这场对话结束的阶段。这个阶段的沟通有一个显著的特征，它不再是你一个人的事情，而变成了双方共同参与和拥有的过程。你的行为会影响对方，对方也会影响你，你们就像在跳一支双人舞，彼此共同创造了当下的一切。对方在表达的时候，也不仅仅是说出自己的想法，还会观察你的反应，判断你的看法和态度。

在沟通中，应用ACE系统最大的价值就在于它能让你处在注意力模式，专注于当下，对眼前的沟通拥有更强的觉察力。比如你会有意识地觉察自己持有的信念、对话所处的代表性状态和自己的沟通需求，这种觉察力能让你在沟通中快速做出反应，而不是在事后才意识到沟通中的问题。比如当沟通状态从友好型变成破坏型的时候，你会及时发现这种趋势，然后主动采取行动，带给对方更好的情绪感受。

当然，如果你对"三剑客"工具还不熟悉，在进行评估、选择和创建任务的时候，就要特别回忆核心原则的四条原则是什么，或者要思考风险型状态代表的是什么。类似这样的回忆过程，可能会让你从当下的对话中抽离出来。针对这种情况，我特别想给你两个建议：

第一，在使用 ACE 系统刻意练习之前，先确保自己熟悉"三剑客"工具。关于工具的使用你可以在行动上不熟练，但必须做到在认知上的熟悉。

第二，你可以在最初刻意练习的时候，放大对"三剑客"工具应用的颗粒度。比如提到状态象限时，你不一定要想起关于它的所有知识，但必须想到最基本的两点：一定要从自己的世界里走出来，真正关注沟通对象；一定要主动判断现在的沟通状态属于哪一种代表性状态，并有意识地创造理想型状态。

◎ 沟通后：补救或复盘

这里的"沟通后"是指从你结束某次对话到不再关注这次对话的阶段。现实中有一些沟通有明确的结束标记，可能会以彼此告别或成果总结作为节点。然而很多沟通，特别是在社交软件上的对话，可能并没有明确的结束标记，只是双方暂时不再回复对方的消息。很多人都希望通过一次对话，就能实现自己的沟通目标，但现实的情况并不是这样，大部分目标的实现都是多次沟通的结果。所以，即使某次沟通未能达到预期，你也没必要特别担心，因为你可以通过复盘，及时发现和补救自己的过失，只要还有机会沟通，就有成功的可能。

沟通后，再通过 ACE 系统整合"三剑客"工具的核心，对已经结束的沟通进行复盘，在必要时进行补救。对评估任务而言，就是评估在沟通过程中，自己是否恪守核心原则，有没有出现四种陷阱式信念，评估自己创造的沟通状态属于哪一种，评估沟通的需求和目标类型是否明确等。基于前面评估的结果，进行选择和创建任务，此时可能选择是否需要改进或补救。在没有学习极简沟通"三剑客"工具之前，你可能也会对沟通进行复盘，但复盘的焦点一定不是围绕"三剑客"工具的要点展开的。

极简沟通ACE系统通过在沟通前、沟通中、沟通后阶段中，设定不同的应用方向，有效整合"三剑客"工具。在沟通前我们可以利用"三剑客"工具做好准备，在沟通中我们可以利用"三剑客"工具灵活应对，在沟通后我们可以利用"三剑客"工具补救或复盘。其实这三个方向，除了整合"三剑客"工具，还可以让我们注意到沟通的全过程。沟通的结果不只源于沟通当下的表现，更在于沟通前和沟通后的表现。

用ACE系统刻意练习的六个步骤

前面在探索核心原则、状态象限和目标模型的时候，我使用了提醒、激励、定位和指导的框架，那么ACE系统和这个框架有什么区别呢？如果用一句话来说，四种价值创造途径的框架，是以工具为出发点，致力于发挥某个工具的价值；而ACE系统则是以我们面对的具体沟通为出发点，致力于整合"三剑客"工具以解决眼前的问题，同时实现注意力模式下的刻意练习，带来最终沟通能力的提升。如果你是武侠小说的爱好者，那可以将核心原则、状态象限和目标模型比作三个强大的"兵器"，四种价值创造途径的框架是对这些"兵器"使用效果的评述，而ACE系统则相当于使用这些兵器的"心法"。

了解ACE系统整合"三剑客"工具的原理后，我们需要将关注点放在任务的执行部分，比如评估任务到底该如何完成，选择和创建任务该怎么实现。通过对每个任务进行细分，我们可以得到六个具体的步骤，它们分别是：确定焦点、得到结论、发现选项、做出决定、准备资源和获得结果。接下来，我们一起来探索这些步骤。

◎ 评估任务：确定焦点＋得到结论

评估任务指的是，利用"三剑客"工具从当前的沟通中获得更多的信息。如果没有具体的流程或步骤，面对评估任务时你可能会感到困惑，不知道前面所说的信息指的是什么，也不知道应该获取哪里的信息。为了解决这个问题，我将评估任务分解为两个具体的步骤：确定焦点、得到结论。

评估任务的两个步骤

步骤一：确定焦点

确定焦点，指的是明确你在沟通中的关注点。这个步骤的意义，是对自己的注意力进行管理，避免被不重要的因素干扰。就像你拿着相机跟朋友去旅行，你要为她拍张照片，那就需要将镜头对准她，而不是远处的路人或风景。对极简沟通来说，你不需要创造新的焦点，"三剑客"工具已经为你预设了焦点——沟通信念、对象和目标，它们是极简沟通"三剑客"工具所对应的关键因素。因此，确定焦点的过程，就是从以上三个焦点中任选一个，将"镜头"对准它的过程。你可以将焦点确定为自己所持有的信念，也可以将焦点放在沟通对象上，还可以将焦点放在自己的沟通需求上。关注不同的焦点，你将会获取到不同的信息。如果把要获取的信息比喻为你要捕捉的"鱼"，那么"确定焦点"就像选择在哪个区域撒网。

步骤二：得到结论

得到结论，指的是在确定的焦点上获取到相关信息。比如沟通前，你确定的焦点是自己的信念，那么判断自己是否持有陷阱式信念就是得到结论。如果你确定的焦点是沟通对象，那么判断当前的沟通在哪一个状态也是得到结论。评估任务中我们获得的信息，都是基于焦点的，而焦点就是"三剑客"工具对应的三个方面。为了能够完成这个步骤，你需要熟练掌握"三剑客"工具，了解四种陷阱式信念的含义，知道如何判断四种代表性状态，同时也应该理解某种目标类型的特征，从而懂得如何做出准确的判断。

◎ 选择任务：发现选项＋做出决定

通过前两个步骤，你可以完成评估任务，接下来你需要完成的是选择任务。如果说评估任务依赖于你敏锐的感受力，那么选择任务则依赖你大脑的思考力。沟通的过程中存在大量决策，有些是你有意识的选择，有些是你无意识的决定。选择任务就是你有意识地做出正确选择的过程。关于选择任务，我也将它拆分成了两个具体的步骤：发现选项、做出决定。

选择任务的两个步骤

步骤三：发现选项

发现选项，指的是你能看到自己的眼前存在多少可能选项。决定的好坏是相对的，是比较的结果。当你说某个决定好的时候，其实它只是比另外的选项更好而已。而要想做出一个好决定，你首先应该知道自己有哪些选项。能在当前的沟通过程中发现更多的选项，意味着你会更从容地应对，不管当前的沟通现状是什么，你总能看到更好的解决方案，不会深陷"我没得选"的被动局面。极简沟通"三剑客"工具，能让我们得到哪些选项呢？核心原则跟你讨论了面对陷阱式信念时可以做出的选择；状态象限让你看到了不同的沟通状态，以及改变状态的方法；目标模型帮你看到自己的需求，以及实现不同目标类型的路径。

步骤四：做出决定

做出决定，指的是从多个选项中挑出最好选项的过程，这意味着我们不只要理性分析不同的选项，还要决定要做什么或者不做什么。"三剑客"工具不只让我们看见更多的选项，也为我们解释了不同选项的潜在后果。比如通过评估任务，你发现沟通状态属于友好型，但如果你什么都不做，那么沟通状态可能逐渐会变成破坏型；你也可以主动改变，努力让对方认知到更大的价值意义，从而让沟通状态更靠近理想型。做出决定的最大意义在于，远离习惯性选择，有意识地根据实际情况做出理性判断，把握沟通的前进方向。

◎ 创建任务：准备资源＋获得结果

前面说评估依赖于敏锐的感受力，选择依赖于大脑的思考力，那创建任务则依赖于你丰富的表达力，通过行动获得某个预期的结果。创建任务的实现建立在评估和选择任务之上。比如你以沟通对象为焦点，发现当前的沟通状态属于风险型，于是希望将沟通状态变成理想型，那么创建任务就是通过语言表达，努力带给对方好的情绪感受的过程。关于创建任务，我也将它拆分成了两个步骤：准备资源、获得结果。

创建任务的两个步骤

步骤五：准备资源

准备资源，指的是明确如何行动的过程。你所期待的结果，并不会因为你做出某个决定就自动获得，而是在你与他人的互动中，通过持续的表达或行动获得的。那么我们到底该表达什么或者采取哪些行动呢？这就是准备资源这个步骤需要解决的问题。这里的资源，指的是你能把选择任务中的决定变成实际结果的建议、流程或路径。比如关于平衡原则，我不只介绍了它是什么，还解释了如何坚守平衡原则；再比如关于影响类目标，我在前面也介绍了四种路径。从这个角度看，准备资源就是从"三剑客"工具中获取方法和建议的过程。越对"三剑客"工具熟悉，就等于储备了越多的资源。

步骤六：获得结果

获得结果，指的是行动并得到反馈的过程。这是最后一步，它很关键，也很简单。关键在于前面的步骤都会落到这里，简单在于你已经知道该说些什么或者做些什么，这里只是去完成这些动作并得到一个真实的反馈。反馈可能并不是你最满意的，比如你想让对方认知到更大的价值意义，但是对方好像并不觉得有价值。这也是一个重要的反馈，虽然不理想但却是真实的。沟通并不是一次性的，而是一个持续靠近目标的过程，所以哪怕有一次你表达得结结巴巴，但一定能通过不断的表达逐渐游刃有余。你越对极简沟通"三剑客"工具熟悉，就越能获得让你满意的结果。

◎ 三个方向与六个步骤的关系

ACE系统在整合"三剑客"工具的时候，我们说沟通前、沟通中、沟通后不同阶段存在差异，沟通前是做好准备，沟通中是灵活应对，沟通后是补救或复盘。但为什么这六个步骤并没有提到不同阶段的差别呢？原因很简单，沟通前、沟通中、沟通后，虽然ACE系统整合"三剑客"工具的方向不同，但整个流程是相似的。前面的六个步骤仅仅是流程，这些流程最后还是要在三个方向的指引下完成。

具体来说，第六个步骤的结果在三个方向下存在差异。沟通前的结果应与准备密切相关，如制订出一个可执行的计划，或者准备一些有助于沟通进行的材料和辅助工具；沟通中的结果与灵活应对有关，比如让自己更积极开放，创造更好的沟通状态，更靠近自己的沟通目标等；沟通后的结果与补救或复盘有关，比如制订一个沟通改进计划，或者采取一些对当前沟通进行补救的行动等。

对于极简沟通ACE系统的三个任务，你可以通过拆解成六个步骤来实现，它们分别是：确定焦点、得到结论、发现选项、做出决定、准备资源、获得结果。不过在最后，我要特别说明，将三个任务分解为六个步骤，是为了降低任务的难度，也为了进一步提升我们完成三个任务的能力。但在这个过程中，也要让自己避免在沟通中被这六个步骤所束缚。

忘掉ACE系统，拥抱全新的可能

有人可能会问："三剑客"工具已经非常强大了，为什么非要有ACE系统呢？会不会多此一举呢？最初我也问过自己这些问题，后来我得到了明确的答案，ACE系统并非多此一举，它是构建极简沟通体系闭环的重要组成部分。ACE系统存在的意义，是帮助我们对极简沟通"三剑客"工具的应用进行刻意练习，最终实现知行合一。

若没有刻意练习和无法实现知行合一，我们对极简沟通"三剑客"工具的所有了解，就都会停留在浅层次状态。我们不但无法做到真正掌握这些工具，更难以使用它们让每次艰难复杂的沟通化繁为简。而且对"三剑客"工具不熟悉，还可能让我们在沟通中因为这些工具分神。当你真正掌握"三剑客"工具之后，就完全可以忘掉ACE系统，这时候核心原则、状态象限和目标模型，将会自然而然地出现在你的每一次沟通里。

◎ 如何真正实现知行合一

虽然我们最终是为了忘记ACE系统，但忘记并不是目标，而是一种自然的结果。对学习掌握ACE系统而言，我们当前最需要关心的问题是，如何快速实现对极简沟通"三剑客"工具的知行合一。在这里我想跟你分享四条自己的经验。

第一，一定要有"知"的前提，也就是你认真学习并理解了极简沟通"三剑客"工具。你知道核心原则对应的是什么，明白每条原则的含义，也了解如何在沟通中恪守这些原则；知道状态象限为什么存在，知道如何得到理想型沟通状态；还知道影响类、连接类和协作类需求，了解目标类型的沟通路径。

第二，要了解自己的沟通能力现状。每个人都可以通过阅读书籍学习极简沟通，但这不代表每个人的能力基础都一样。极简沟通"三剑客"工具中，有些部分可能对你来说易如反掌，你之前就已经能够在沟通中运用自如了，而有些部分可能对你来说具有挑战性，那么你就可以利用建立能力清单的方式，先盘点自己的能力现状。基于盘点的结果，再针对"三剑客"工具进行自我打分。比如你给自己应用核心原则的表现打80分，而对应用状态象限的表现只打了50分，对应用目标模型的表现打了70分。那么针对状态象限这个工具的应用，你就需要进行强化练习。

第三，停下来展望能力的未来。在《高效能人士的七个习惯》一书中，作者斯蒂芬·柯维说过，任何创造都需要经过两次才能实现，一次是在你的心里，另一次才是在现实生活中。刻意练习不是让我们进行低水平的重复，而是在重复中持续提升我们的能力。现在不妨给自己一些时间，想象经过一段时间的刻意练习后，未来的自己会有哪些不同？不要单纯只是想，最好用语言或文字记录自己的想象内容，记录得越具体越好。如果你写的是"经过刻意练习，我的沟通能力变强了"，这显然不够具体，你可以将它改成"经过刻意练习，我能够及时觉察自己在沟通中所持有的信念，开始不再被陷阱式信念干扰"。

第四，刻意练习的过程中也不要忘了鼓励自己。我在发展极简沟通这门学问时，也并不是一帆风顺的，也经历了很多挫折，甚至走过许多弯路。但我始终拥有动力，这背后的秘诀是，我总能看到自己的进步，并不断鼓励自己，相信这种方式对你学习掌握极简沟通，也一定会有帮助。为了能及时捕捉到自己的进步,你可以使用笔记本或者在电脑中建立一个专门的文档以记录现状,定期通过对比发现自己的进步,这对你来说可能也是种不错的激励方式。

◎ 什么时候该忘掉ACE系统

什么时候该忘掉ACE系统呢?最好的时候当然是你实现知行合一之后。我很喜欢阅读,之前的阅读习惯是做笔记,甚至会做关于一本书的思维导图,总是试图记住书里的全部内容。后来因为创业,没有那么多的时间和精力,我就开始变得焦虑起来,身边的人每年都读很多书,而我读得越来越少了。在一次跟朋友的对话中,我意识到读书不是为了记住,而是为了"遇见",遇见能启发自己的句子,遇见能促使自己思考的观点,遇见能让自己恍然大悟、认知升级的瞬间。

我之所以跟你讲我自己的这段经历,是想告诉你,什么时候忘掉ACE系统,除了取决于你何时实现知行合一,还取决于你对极简沟通的态度。如果你不是要修炼这门学问,那么完全可以用"遇见"的心态了解极简沟通,也不必特别重视ACE系统,只需要了解它的原理,让它指导你应用"三剑客"工具就够了。但如果你想真正具备极简沟通的能力,或者想成为一位极简沟通认证专家,那么一定要通过ACE系统将"三剑客"工具的应用变成自己的习惯性模式,然后再选择将ACE系统"忘掉"。

◎ 忘掉ACE系统之后

有时候我会将ACE系统比喻成一个"学步车",因为它只是你没有完全掌握"三剑客"工具前的辅助工具。正因为这个特点,我们探讨ACE系统的时候,必须围绕着"三剑客"工具。"三剑客"工具帮你将艰难复杂的沟通化繁为简,而ACE系统则让"三剑客"工具成为你自身的一部分。

我们之所以要忘掉ACE系统,也是因为通过ACE系统运用"三剑客"工具时,需要时刻保持注意力集中,这会消耗较多的脑力。忘掉ACE系统,不代表你在沟通中不再需要获取信息,也不代表你将不再做出决定,更不是让你放弃自己想要的结果,而是你不会有意识去做这些事。你在沟通的时候,将更自然地使用极简沟通"三剑客"工具,而不需要再提醒自己,就能恪守核心原则,真正关注沟通对象,并觉察当前沟通的状态,洞悉自己沟通目标背后的需求,并使用更有效的路径。

极简沟通"三剑客"工具,带给你的并不是一些沟通技巧,而是一份自我修炼的"地图",在持续的修炼中你会拥有驾驭这些工具的力量,也能将极简沟通融入自己的每次沟通里。因此,忘掉ACE系统的时刻不是你远离极简沟通"三剑客"工具的时刻,而是你真正拥有它们之时。

本章小结 ▶

曾经我认为沟通本身重要，但后来我明白了，其实不是沟通本身有多重要，而是我们生命中某些人和关系很重要。你越希望得到幸福的亲密关系，或者深度信任的职场关系，你就越需要通过沟通和他人共同创造。因此，如果你仅仅知道一些沟通的知识或工具，而没有用它们去创造自己想要的生活，那么这些学习依然是毫无意义的。极简沟通的特别之处，除了为你提供"三剑客"工具，还关注你能否达到知行合一的状态。

为什么拥有了知识，却没能提升能力？我们认识了沟通的两种模式，发现现实中的大部分沟通都是习惯性模式，一个人的沟通能力也取决于习惯性模式的表现。为了让"三剑客"工具的应用从注意力模式转变为习惯性模式，我们开始讨论如何通过刻意练习来实现。从能力培养清单升级到三个任务，发展出了极简沟通ACE系统。它通过为沟通前、沟通中、沟通后三个阶段设定不同的方向，整合了"三剑客"工具，同时把三个任务拆分成更具体的六个步骤，确保让任务的实现变得更简单。

极简沟通"三剑客"工具是模块化的，学习任何一个工具前，你可以不了解其他工具，但ACE系统并非如此。它完全依赖于"三剑客"工具，既是对"三剑客"工具的整合，也是针对它们的应用的刻意练习。只有当你使用ACE系统不断围绕"三剑客"工具进行评估、选择和创建的时候，才可以实现对极简沟通的知行合一，才能成为真正的沟通高手。

第六章 做自己和他人的沟通教练

你可能会好奇，极简沟通希望将艰难复杂的沟通化繁为简，但为什么不是围绕某些具体的沟通场景提供应对策略，而是要用整本书探讨"三剑客"工具和ACE系统呢？这个问题其实我在第一章回答过，极简沟通希望能创造一套更好的方案，它的创立源于减法思维和第一性原理。除此之外，还有另一个答案：极简沟通希望以个人成长为起点，不管是"三剑客"工具，还是ACE系统，它们都将服务于这个起点。

当我们将改变的焦点放在自己身上，努力让自己变得更强大之后，我们所面临的挑战自然就小了。既然说到了艰难复杂的沟通场景，那你还记得它们吗？在掌握极简沟通"三剑客"工具之后，我们不妨再来重新审视这些场景，看看自己是否真正具备了将它们化繁为简的能力。

这一章的名称之所以是"做自己和他人的沟通教练"，是希望每一位读者，能将极简沟通真正带入自己的现实生活，让极简沟通成为自己的沟通教练，帮助自己提升沟通能力，同时也可以成为家人和朋友的沟通教练，在他们需要的时候能提供专业支持。

假如沟通中遭遇强烈的负向情绪

关于艰难复杂的沟通,我们提到的第一个场景是:沟通中存在强烈的负向情绪。具体来说,可能是沟通对象表现得情绪化,也可能是你自己表现出了某种强烈的负向情绪。沟通中只要有一个人陷入负向情绪的泥潭,那么两个人都可能会被负向情绪掌控。比如沟通对象出现了负向情绪,可能会表现出攻击性,可能会说些刻薄的言辞,甚至不断指责或批评你。这种情况下,即使你本来的状态不错,也会被对方的言语和行为所激怒,沟通便会进入恶性循环。

沟通中双方一旦被负向情绪掌控,理性讨论就会越来越难,倾听的意愿也会彻底消失,发泄情绪就成了双方共同的选择。那么假如沟通中遭遇强烈的负向情绪,我们该怎么办呢?作为极简沟通的学习者和修炼者,你会如何使用已经掌握的"三剑客"工具呢?

◎ 沟通所面临的挑战

没有人可以在沟通中将情绪完全剔除,做到不带任何情绪进行沟通。情绪存在于每次沟通里,比如你可能会带着担忧进行某次对话,或者有些沟通正好发生在你沮丧的时刻。情绪本身不是问题,这里我们讨论的只是出现强烈负向情绪的状况。在这种情况下,我们的沟通将面临巨大的挑战。

挑战一:接纳情绪。当沟通中出现强烈的负向情绪后,要做到真正接纳它们很难。不管是自己的负向情绪,还是对方的负向情绪,我们总是会认为它们的存在是不合理的，习惯于否定和批判负向情绪，而这只会导致更多的问题。

挑战二：保持冷静。如果沟通中出现强烈的负向情绪，那么保持冷静会很难。我们的负向情绪可能会让我们使用过激的表达方式，而过激的表达则更容易引发对方情绪化，这会产生连锁反应，导致沟通的参与者们都深陷负向情绪泥潭。

挑战三：积极回应。当沟通对象出现强烈的负向情绪后，我们很难做到积极回应对方。面对他人的负向情绪化表达，大部分人会用同样的方式回应对方，因为这样的方式让自己感觉更公平，但这只会促使对方用更强烈的负向情绪继续表达。

挑战四：听见需求。当自己在沟通中出现强烈的负向情绪后，我们要觉察他人的需求将是非常困难的事情。因为在这种情况下，发泄自己的负向情绪成了一种本能反应，而倾听对方的大门则会关上，我们根本就不会去了解对方的需求。

挑战五：找到方案。很多沟通的存在，本身就是为了解决某个问题，一旦对话中出现强烈的负向情绪，要找到问题的解决方案就会变得很难。因为这个时候理性思考非常稀缺，关系中的信任会被破坏，不管是合作，还是要达成共识，都会阻力重重。

当沟通中存在强烈的负向情绪时，如果我们能做到接纳负向情绪、保持冷静、积极回应对方、听见他人的需求、致力于解决眼前的问题，那么沟通就不会变得艰难复杂。道理大家都懂，但却很难做到。极简沟通"三剑客"工具，就是希望帮助你能在以上方面表现得更好，从而将艰难复杂的沟通化繁为简。

◎ 核心原则如何给你支持

你已经非常熟悉极简沟通核心原则,其关注点是你在沟通中所持有的信念,核心原则希望帮助你远离四种陷阱式信念。当沟通中遭遇强烈的负向情绪时,大部分人可能会被一些陷阱式信念所掌控。比如为了避免对方的负向情绪变得更强烈,只要对方有负向情绪,你就会做出巨大让步,把对方摆在更重要的位置,而完全忽视了自己的需求;因为担心和对方发生冲突,所以放弃沟通的选项;自己被对方的言语和行为所激怒,就试图让对方为你的负向情绪负责等。

核心原则让你事先觉察到这些陷阱式信念,并让它成为你沟通习惯的一部分。因为清楚我们都是重要的,所以就不会被对方的负向情绪所操纵,也能看到自己的需求;因为坚持沟通的选项,所以就不会因为目前的困境而完全放弃沟通;因为知道要为自己的负向情绪负责,所以就不会轻易被对方激怒,而会主动调整自己的情绪状态;也因为尊重他人的选择,所以就不会强求对方,而会给予对方更多的尊重。如果你真的能恪守核心原则,那么在遭遇强烈的负向情绪时,你就会比普通人更善于应对。

◎ 状态象限如何给你支持

关于状态象限,你已经非常了解了,它让你从自己的世界里走出来,关注沟通对象的情绪感受和认知到的价值意义,并努力创造出理想型沟通状态。但强烈的负向情绪,会干扰你对沟通对象的关注。如果你在沟通中产生了强烈的负向情绪,那么可能就会倾向于惩罚对方,完全忽视对方的感受,更不关心对方是否能认知到大的价值意义。如果这种负向情绪是对方的,那么不管你说什么或做什么,对方都会有不好的感受，也就不会认真思考你表达的内容，更不会认为你说得有价值，这也意味着你创造的沟通状态将属于破坏型。

现在，让我们先忘记核心原则关注的重点。假如你只学会了让状态象限成为自己沟通习惯的一部分，那么你也能在沟通中遭遇强烈负向情绪时，比普通人表现得更好。你在用状态象限判断此刻的沟通状态时，就已经从自己的世界里走了出来，开始主动了解自己带给对方的情绪感受，同时还会判断对方认知到的价值意义大小。这种对当下沟通状态的觉察，可以避免在不知不觉中让沟通变得更糟。也因为你能明确不同沟通状态的自然结果，就可能会努力安抚对方的情绪，也可能会试着传递能被对方理解的价值，跟对方共享更多关键信息。这些选择都会减弱强烈负向情绪对沟通的干扰，从而获得一个更好的沟通过程和结果。

◎ 目标模型如何给你支持

目标模型的关注点是你的沟通需求，它让你在沟通中洞悉自己到底想要什么，明确自己的目标类型，并选择有效的路径去实现它们。当沟通中存在强烈的负向情绪时，不管你的沟通需求是什么，实现它们都会比较困难。对影响类需求来说，对方在情绪化的状态下会抵触你期待的改变；对连接类需求来说，强烈的负向情绪则会破坏彼此关系中的信任感；而对协作类需求来说，如果存在强烈的负向情绪，双方要一起做事就会非常困难，甚至会将眼前的事情搞砸。

如果你已经让目标模型成为自己沟通习惯的一部分，那么就能在存在强烈负向情绪的沟通场景中，明确自己的本质需求，从而避免自己在不知不觉中被情绪绑架而完全忘记沟通的初心。强烈的负向情绪是实现沟通目标的障碍，而目标模型有助于你突破这种障碍。一方面它为你提供了不同目标类型的实现路径，另一方面它教会你一种持续尝试的态度。若当前的沟通方法无效，那就换一种方式；若此刻不能沟通，那就换一个时间。

当沟通中存在强烈的负向情绪时，许多人就认为沟通肯定会失败，甚至准备放弃沟通。然而，这个时刻正是我们最需要进行沟通的时候，虽然此时沟通会让你觉得艰难复杂，但其中蕴藏着更大的机会。沟通的意义正是能帮助彼此建立信任感，让双方获得被在乎的感觉，让强烈的负向情绪得到缓解，甚至转变为正向。我们对极简沟通的学习和练习，也不只是为了单纯掌握"三剑客"工具，更不是为了向他人炫耀自己的学识，而是能让自己时刻创造出更具善意的对话。

假如沟通中彼此的立场对立

在沟通中,或许你总是非常坚定于某些判断,兴致勃勃地分享自己的想法,但沟通对象却不为所动,甚至还表达出很多反对意见。这让你开始意识到,沟通中彼此的立场可能对立了。在这种情况下,分歧并非来自你的表达不够清晰,而是源于你们各自所处的立场不同。为了捍卫各自的立场,每个人都会坚持自己的观点,都认为自己才是掌握真理的一方,并试图说服对方。

一旦沟通中彼此的立场对立,双方就会开始针锋相对,对话也会变成一场辩论,沟通会陷入艰难复杂的境地。此时每个人都开始用挑剔的眼光,寻找对方语言表达中的漏洞和弱点,试图通过一次次犀利的攻击,使对方完全失去辩驳的能力,让自己赢得这场"战斗"。那么作为极简沟通的学习者和修炼者,你会如何使用已经掌握的"三剑客"工具,来避免上述情况的发生呢?

◎ 沟通所面临的挑战

如果沟通中彼此的立场对立,那么单纯用逻辑论证去说服对方是不太可能的。因为大家难以看到共赢的局面,认为对方的成功必然会导致自己的失败,为了不让自己成为失败者,就只能变成对方观点的反对者。具体来说,彼此立场对立会让沟通面临以下挑战:

挑战一:难以放弃竞争。沟通的成功需要彼此的合作,这需要两个人共同努力。但是彼此立场的对立,往往会让双方陷入竞争的模式，这会使得人们更加坚持自己的观点，以便在这场竞争中取得胜利。

挑战二：容易陷入非黑即白的思维中。沟通中人们的很多观点并不存在绝对的对与错，仅仅是因为看问题的角度不同。但在彼此立场对立的情况下，人们很容易陷入非黑即白的思维中，眼里只有自身的观点，忽略了答案的多面性。

挑战三：很难理解他人。如果想反对某个观点，那么最好的方式是先理解这个观点，但在彼此立场对立的情况下，我们很难做到这一点。因为我们会将注意力全部放在如何说服对方，而不是试图理解对方上面。

挑战四：破坏对话氛围。在彼此立场对立的情况下，沟通的参与者是缺乏安全感的，害怕遭遇对方的攻击，因此总是带着防御的心态进行对话。这导致彼此很难推心置腹地讨论某个问题，对话始终处于较浅的层次。

挑战五：无法建立信任。任何美好的关系都建立在信任的基础上，沟通中一旦彼此的立场对立，那么双方的信任就会遭到破坏，因为对方站在了你的对立面。不信任导致猜疑泛滥，对于他人的任何表达你都会质疑其动机，这不但增加了信息共享的难度，也破坏了人们表达的动力。

在彼此立场对立的情况下，如果你能放弃竞争的冲动，抛弃非黑即白的二元对立思维，试着多理解他人，努力创造好的对话氛围，和对方建立起必要的信任，那么这次艰难复杂的沟通自然会变得简单。显然仅仅知道这些是不够的，大道理所有人都懂，我们需要的是真正具备这样的能力。在这本书的前面部分，我们花了很多时间学习和练习使用"三剑客"工具，目的就是希望在这样的情况下能轻松应对。

◎ 核心原则能提供哪些支持

关于核心原则存在的意义，你已经非常熟悉了，它关注的是你在沟通中所持有的信念，核心原则让你远离四种陷阱式信念。在彼此立场对立的沟通场景中，大部分人都会持有一些陷阱式信念。比如不再认为彼此都是重要的，而将自己的观点和立场放在第一位；可能也会坚持沟通的选项，但并不是为了认真倾听对方、创造有效的沟通，而是试图赢得战斗；随着沟通的持续，可能会越来越没有耐心，在出现某些糟糕的情绪后，会认为这些情绪都是对方带来的，并要求对方为此承担责任。

如果核心原则已经成为你沟通习惯的一部分，那么面对彼此立场对立的情况时，你就不会只关注自己的立场，而明确我们都是重要的，这让你做出改变，开始关注对方的立场。你会坚持沟通的选项，这么做不是为了赢得争论的胜利，而是为了促进彼此的理解。你不会轻易将自己出现负向情绪的责任推给对方，而是主动处理自己的情绪，让对话在好的氛围中进行。你会始终尊重对方的选择，即使不被理解和接纳，也接受对方有做出自己选择的权利。如果你真的恪守了以上四条原则，那么在这种场景里，你一定能提升沟通成功的概率。

◎ 状态象限能帮你做到什么

状态象限的焦点是沟通对象，它会帮你从自己的世界里走出来，关注你带给对方的情绪感受，以及让对方认知到的价值意义。如果沟通中彼此立场对立，那么你可能也会高度关注对方的表达，但这种关注既不是出于尊重，也不是出于对其观点的认同或接纳，而是希望能从对方的观点中找出对自己有利的信息，从而赢得争论。这个时候，你的注意力都集中在如何说服对方上,而彻底忽视了他人的情绪感受。若对方的情绪感受很差,他也就不会认为你的表达有什么价值意义,于是沟通就会进入破坏型状态。

作为极简沟通的学习者和修炼者,你非常熟悉状态象限,或许这个工具已经是你沟通习惯的一部分。当你在每次沟通中评估所处的状态时,你就会觉察此刻对方的情绪感受,以及对方认知到的价值意义。在彼此的立场对立后,你能及时发现对话中剑拔弩张的气氛,并可能会主动做出改变,试着提升对方的情绪感受,同时用对方能认知到价值意义的方式,表达自己的观点。如果你能让沟通处在友好型或理想型状态,那么将不只能很好地应对彼此立场对立的局面,还能预防这种场景的产生。在我看来,真正厉害的人不是力挽狂澜的人,而是那些能提前预防问题、防患于未然的人。

◎ 目标模型能提供哪些支持

你已经知道,目标模型会将焦点放在你的沟通需求上。思考自己希望通过沟通得到什么,能够帮助你选择有效的沟通路径来实现你的沟通目标。沟通中彼此的立场对立,对实现沟通目标带来的最大干扰是:人们可能会将三类需求里的影响类需求无限放大,使其凌驾于所有需求之上,导致他们花大量时间试图用言语征服对方,甚至不惜破坏彼此的关系,或者将要做的事情搞砸。事实上他们实际的需求,并不只想带给对方某些改变,可能还想让彼此的关系变得更好,或者共同解决一些问题。

如果你已经将目标模型变成了自己沟通习惯的一部分,那么当沟通中出现彼此立场对立的情况时,即使没有核心原则和状态象限,你的表现依然会很好。因为你会比其他人更清楚自己真实的需求,你明白自己不只是想要说服对方，或者赢得当下的争论，还希望跟对方一起合作解决问题，或希望彼此能拥有更美好的关系状态。这些对自己需求的深刻洞察，能让你在立场对立时主动做出转变，以理想的沟通结果为目标，更愿意为此主动做出让步。

我们无法确保自己跟其他人观点一致，现实中立场对立和冲突是必然的。在他人提出反对意见的时候，试图征服对方绝对不是一个好的选项，这只会把对方推得更远。在他人不认可你的时候，极力说服也不是好的策略，这只会让对方更加坚持自己的看法。沟通不只是在双方意见一致的时候，展现出彼此有多么相似，更需要在双方立场对立的时刻，主动去理解并发现彼此之间所拥有的共识。极简沟通"三剑客"工具，希望带给你全新的选择，让你远离常见的陷阱式信念；让你在带给他人积极情绪感受的前提下，传递更多有价值的信息；让你不迷失自己，选择恰当的路径实现自己的沟通目标。

假如沟通中双方认知差异大

人与人之间的误解和冲突，很多是由认知差异导致的。沟通中我们非常容易忽视这个部分，总以为自己知道的别人也知道，自己认为重要的对方同样认为重要。但事实并非如此，很多时候认知差异实际比我们想象的更大，这导致了现实中大量的无效沟通。

对每个表达者来说，都希望自己表达的内容能被理解，但遗憾的是现实里大多都难以引发共鸣。有时候你希望获得支持和鼓励，但结果却令人沮丧。那些对你而言重要的人，可能非但不认可你的选择，还会对此冷嘲热讽。其原因并不是他们带着恶意，而是双方的认知存在很大的差异。面对双方认知差异大的沟通场景，作为极简沟通的学习者和修炼者，你会如何使用已经掌握的"三剑客"工具来解决呢？

◎ 沟通所面临的挑战

明明大家说的是同一种语言，但为什么有时候却无法彼此理解呢？原因很简单，之所以能理解对方，不只是因为使用了共同的语言，还因为双方存在一些共同认知。我们在沟通的时候，总是会默认对方拥有和自己一样的认知，自己认为重要的，对方会同样认为重要。但因为每个人的成长环境、教育、兴趣、职业等的差异，不同的人之间普遍存在认知差异。而巨大的认知差异会给沟通带来如下很多挑战：

挑战一：难以同频对话。我们总是期待跟他人能实现同频对话，但在双方认知差异大的情况下，要同频对话是非常不容易的。你可能需要很费劲地去解释，对方才能理解你真正想要表达的意思，这会让大部分人感觉很糟。

挑战二：缺乏对话动力。沟通中人们的表达动力，来自自己表达的内容可以被理解和肯定。在双方认知差异大的情况下，倾听的一方往往会因为难以理解，而很少表达肯定或认同，这很容易让表达者产生一种挫败感，从而减弱继续对话的动力，导致双方共享信息变得很难。

挑战三：存在大量误解。如果对方的行为让人难以理解，大部分人的选择可能并不是主动去询问对方，而是会基于自己的猜测做出判断，甚至深信这就是真相，从而导致沟通过程中出现大量误解。

挑战四：更多的指责评判。当沟通不畅的时候，有的人会反思自己的表达方式，试着用对方能理解的语言进行表达，但更多的人只会指责对方愚笨，觉得自己是在对牛弹琴。过多的指责和评判，并不能让沟通顺利进行，反而会阻碍彼此实现有效对话。

挑战五：无法保持耐心。很多人对沟通的过程，存在一种盲目乐观的态度，觉得实现信息共享会非常容易，其实并不总是这样。在双方认知差异大的时候，实现信息共享充满了挑战，因为你需要做到用对方能理解的语言或方式进行表达，而在这个过程中你很容易失去耐心。

如果沟通中双方的认知差异很大，但你能在沟通的时候努力创造同频对话，保持对话动力并尝试不同的表达方式，主动消除和澄清对话中的误解，愿意减少指责和评判，始终在对话中保持耐心，那么你就能在眼前的沟通困境中建立有效对话。即便知道这些道理，但大部分人可能还是做不到，而极简沟通"三剑客"工具，则会让你在不知不觉中做到这一切。

◎ 核心原则能帮你做到什么

核心原则的关注点是你在沟通中所持有的信念，它致力于帮助你远离四种陷阱式信念。如果沟通中存在双方认知差异大的情况，那么你可能会在不知不觉中持有一些陷阱式信念。比如表达的内容不被对方理解的时候，你可能就会给对方贴上愚蠢的标签，而一旦有了这样的判断，就会觉得跟对方没法沟通，于是自然会放弃沟通的选项。有时候你可能会耐着性子坚持沟通，但如果讲了半天对方也听不懂，你可能就会完全失去耐心，觉得是在对牛弹琴，变得怒火中烧，把出现负向情绪的责任推给对方。

如果你已经让核心原则成为自己沟通习惯的一部分，那么就会在每次沟通中用核心原则对抗陷阱式信念的干扰。你相信彼此都是重要的，不只是基于自己的表达习惯，还会照顾对方是否能理解。你会坚持沟通的选项，即使不被理解，也会努力解释和澄清误解。你不会轻易迁怒于对方，而会主动调整自己的情绪，也接纳对方任何的选择，哪怕这些选择和你的期待并不一致。拥有核心原则，在双方认知差异大的情况下，你会有更好的表现。

◎ 状态象限如何能帮到你

状态象限的焦点是沟通对象，它会帮你从自己的世界里走出来，努力创造出理想型沟通状态。但在双方认知差异大的情况下，其实要创造理想型沟通状态也面临着一些挑战。从价值意义的维度看，双方的认知差异大会导致对于你表达的内容，对方很难理解，无法感知到更大的价值意义，于是沟通状态只能是友好型或者破坏型。而从情绪感受的维度看，因为无法理解你表达的内容，对方可能会产生焦虑的情绪，或者认为你在浪费他的时间，所以对方的感受不好，那么沟通就会进入破坏型状态。

如果你非常熟悉状态象限，并懂得如何应用，那么在面对认知差异大的沟通困境时，就会比普通人表现得更好。因为你会在任何对话中主动觉察对方的情绪感受，同时还会有意识地判断对方能否认知到大的价值意义。这种觉察力会让你更关注对方听到了什么，而不是纠结于自己说了什么。这也意味着，你具备了一种更加主动的沟通姿态，一旦发现沟通的状态不好，就会采取行动进行调整，从而提高两个人沟通成功的概率。

◎ 目标模型会为你带来什么

目标模型的关注点是沟通需求，它帮你明确为什么要进行当下的沟通，同时指引你用有效的路径创造出期待的沟通结果。双方的认知差异大，会对沟通目标的实现带来很多干扰。比如你的沟通需求是影响类，希望通过这场对话带给对方某些改变，那你就必须让对方认知到这些改变的价值。但遗憾的是，因为彼此认知存在较大的差异，你可能很难向对方清晰传递价值，那么影响类需求也就难以实现。还比如你想与对方协作完成一件事，而彼此的认知差异可能会制造出更多误解。你以为彼此达成了共识，但其实每个人的理解都不同，导致工作效率低下。

假如你已经让目标模型成为自己沟通习惯的一部分，那么面对双方认知差异大的现状，它将如何为你提供支持呢？目标模型的存在，让你在沟通中洞察自己的本质需求，不管这些具体的需求是影响类、连接类，还是协作类，洞察需求的过程本身，就会让你在沟通中拥有更多定力，不会因为认知差异大的现状而快速失去耐心。另外，目标模型不只定义了目标类型是什么，还针对三类基本目标提供了相应的实现路径。这些路径也会帮你在认知差异大的情况下实现沟通目标。

双方不同频，不是拒绝沟通的理由，恰恰是需要继续对话的信号。双方认知差异大，虽然让沟通的难度变大了，但也让沟通的必要性增强了。对于生命中那些重要的人，如果你发现双方的认知差异很大，那么不妨主动进行更多沟通，去共享更多信息。这些行动，对改变认知差异大的现状，是非常有帮助的。慢慢你会发现，彼此更理解，开始变得更加默契了，你说的一些观点对方也能秒懂了。我们要始终铭记：越沟通，两个人才越容易沟通。

假如沟通中遭遇他人的排斥

成为一个受欢迎的人,是很多人内心的渴望。为了能获得他人的认可和喜欢,有的人甚至会放下自我,而选择取悦和讨好他人。但遗憾的是,不管我们多么努力,依然可能会被某些人排斥或讨厌。一旦沟通中遭遇他人的排斥,那么此时的沟通就会变得艰难复杂,因为无论你说什么或做什么,排斥你的人总会带着怀疑的眼光,揣摩你的动机,甚至还可能会拉拢他人孤立你。

我们生活在多重人际关系网络中,必然要和他人产生大量交集,有时候必须直面那些排斥我们的人,他们可能是同事,也可能是同学,还可能是某个家庭成员。当然,有的人可能会说"对方喜不喜欢我,那是他的事,我完全不在乎"。道理的确如此,但大部分人却无法如此洒脱,会被他人的态度所影响。现在,你已经掌握了极简沟通"三剑客"工具,你会怎样使用它们应对这种情况呢?

◎ 沟通所面临的挑战

面对他人的排斥,你不只需要训练自己接受被讨厌的勇气,更要培养与那些讨厌自己的人进行对话的能力。接受被讨厌的勇气,让你在"我想做"和"他人想让我做"出现分歧的时候,依然能坚守自己的内心。而对话的能力,能让你与重要的人达成共识,凝聚更多人的力量,解决某个棘手的问题。当然,要真正具备这种能力并不容易,你先要了解沟通中遭遇他人排斥时,可能遇到的挑战。

挑战一：要做到不攻击很难。被排斥是人际关系中的一种巨大否定，这个时候我们的内心会产生一种强烈的挫败感，这种感受促使我们通过反击来保护自己。于是在不知不觉中，我们就会变得非常有攻击性。

挑战二：要保持自信对话很难。每个人都可能有过被他人排斥的时刻，这真的是一种非常糟糕的经历。被他人排斥，让我们感觉自己是不受欢迎的，没有安全感，甚至内心开始自我否定，而这也会影响我们的自信心。

挑战三：要理解对方的感受很难。如果对方排斥的是另一个人，你很容易表达理解，也会接纳对方的感受，毕竟每个人都有不喜欢的人。但如果对方排斥的是你自己，要接纳对方的感受就会变得很难，因为接纳等于承认对方的排斥是合理的。

挑战四：要聚焦问题很难。一旦遭遇他人排斥，大部分人会忘记自己沟通的初衷，结果要么完全放弃对话，要么花大量时间试图改变对方的态度。这个时候要放下对他人态度的过度关注，聚焦于眼前要解决的问题就会变得很难。

挑战五：没有对话的意愿。沟通要持续下去，双方必须得有对话的意愿，但是在遭遇他人排斥的沟通场景里，双方的对话意愿都不强。一方因为排斥不想对话，而另一方因为被排斥也不想对话。若没有对话意愿，两个人的误解就会越来越深，而彼此就会更相互排斥和讨厌。

沟通中遭遇他人的排斥时，如果你能克制攻击对方的冲动，不因对方的排斥而自我否定，而试着去理解对方的感受，把沟通的焦点聚焦在解决问题上，始终保持对话的意愿，那么你就能更好地面对这种艰难复杂的沟通场景。不过既然是挑战，就代表了普通人很难做到，而极简沟通"三剑客"工具的存在,就是为了让你能有效地应对这些挑战。

◎ 核心原则能帮你做到什么

核心原则,会将焦点放在你所持有的信念上,让你觉察和远离四种陷阱式信念。沟通中遭遇他人的排斥时,有的人会选择无视对方,或用同样的排斥、攻击形式回应对方;有的人则开始自我否定,希望通过取悦对方获得接纳。另外,在遭遇他人的排斥时,我们也很可能认为沟通是没用的,容易放弃沟通的选项。当然,在这个过程中,我们也会把自己出现糟糕情绪的责任完全推给对方,希望对方为自己的情绪负责。

如果你已经让核心原则成为自己沟通习惯的一部分,就会比普通人更善于面对这种情况。你会恪守平衡原则,不卑不亢,不会因为他人的排斥而自我否定,也不会轻易攻击对方。你会始终坚持沟通的选项,相信对话可以消除误会。你会主动处理自己的情绪,不会因为对方的排斥而迁怒对方。你还能尊重对方的选择,知道对方有不喜欢他人的权利,因此不会强求对方喜欢或接纳自己。

◎ 状态象限能提供哪些支持

状态象限,会将焦点放在沟通对象身上,让你远离破坏型沟通状态,帮助你创造出理想型沟通状态。如果你的沟通对象排斥你,那么你要创造出理想型沟通状态,将会是一件非常困难的事。因为即使你什么都不做,沟通一开始时对方的情绪感受就不好。在这样的背景下,如果对方不能从你表达的内容中认知到大的价值意义,沟通就会陷入破坏型状态,对话只会带来更糟的结果。如果你说的内容对方觉得有道理，能从中认知到大的价值意义，沟通也只能在风险型状态。

如果你完全掌握了状态象限，已经让它成为自己沟通习惯的一部分，那么通过状态象限的应用，你可以在面对他人排斥的沟通情境中表现得更好，至少可以最大限度地发挥沟通的价值。状态象限并不能改变他人排斥的现状，但可以让你转换视角，觉察对方的情绪感受，思考什么会让对方觉得有价值。既然不能带给对方好的情绪感受，那么不妨把注意力放在价值意义这个维度，尽量为对方提供有价值的信息，当沟通处在风险型状态后，再逐渐改善对方的情绪感受。

◎ 目标模型将如何帮到你

目标模型，对应的焦点是你的沟通需求，它能帮你明确沟通目标类型，并选择有效的实现路径。如果沟通中遭遇他人的排斥，不管你的沟通需求是什么，要实现它们都会面临巨大的挑战。对影响类需求而言，你希望带给对方的改变，可能会被对方抵触；对连接类需求而言，你希望让彼此的关系现状改变，但对方却没有改善关系的意愿；对于协作类需求，你希望联合对方一起改变事物的状态，但对方却因为排斥而不愿意与你合作。

如果你已经让目标模型变成自己沟通习惯的一部分，即使没有核心原则和状态象限，你也能比普通人更好地应对这种情况。没有人可以确保自己始终受人欢迎，面对他人的排斥，我们最需要思考的是自己为什么要进行这次沟通，而不是纠结于别人的态度。目标模型能让你洞悉自己的本质需求，虽然这不代表需求就能轻易实现，但至少可以让你朝着正确的方向前进。另外，目标模型还能让你突破固有经验的局限，通过组合几种目标的实现路径，进一步提升沟通目标实现的概率。

我们总是喜欢那些喜欢我们的人，面对这些人，我们很容易创造出理想型沟通状态。但真正体现一个人沟通能力的，恰恰是如何面对那些排斥我们的人。有的人你可以敬而远之，但有的人你却必须面对。对于喜欢你的人，你说什么对方都会觉得好，也会给予你积极的回应和肯定；排斥你的人，会对你的一切都觉得反感，他们可能会不断挑剔和否定你。每当这个时候，很多人会用同样的方式回应对方，这的确是最简单的，而且也显得非常公平。但如果你能通过"三剑客"工具，与他们建立有效对话，那么将得到更多真实的反馈，凝聚更多人的力量，创造出更多的幸福和成功。

假如沟通中自己处于劣势地位

沟通并不会只发生在双方完全平等的情况下,有时候你拥有更多的掌控权,处在一种优势地位;也有的时候你的处境非常被动,你处于一种劣势地位。比如你是某个项目的负责人,你要和一位身份比你高很多的领导沟通。即使你准备得很充分,但心里依然会非常紧张,担心自己表现不好搞砸了这场对话。

当前的沟通中,如果你正处于劣势地位,那么失去的不只是主动权,可能还有获得理想沟通结果的信心。面对身份地位比自己高、能力比自己强、资源比自己丰富、选项还比自己多的沟通对象,很多人会认为沟通能否有效,完全取决于对方。不可否认,处于劣势地位的确会让沟通面临很多挑战,但这并不代表沟通结果完全取决于对方,我们依然可以通过应用"三剑客"工具,提升沟通成功的概率。

◎ 沟通所面临的挑战

虽然有的人很容易做到无视身份与资源的多寡,总能以平等的姿态跟所有人对话,但大部分人都无法做到这一点。如果对方处于有利地位,那可能意味着他们拥有更大的权力、掌握着更多的资源、具备更高的认知等。在这样的背景下,表达不同意见可能面临巨大风险,与其对抗也会更容易受到伤害,沟通自然会变得艰难复杂起来,尤其是在面对不太友善或傲慢的沟通对象时。那么当我们处于劣势地位时,沟通到底会面临怎样的挑战呢?

挑战一：难以克服内心的恐惧。 在与身份地位高的人沟通时，很多人内心存在一种恐惧，害怕自己的表现不好，会带来糟糕的结果。他们和同事相处非常自然，但跟领导沟通时却容易变得不知所措，于是就选择逃避沟通。

挑战二：无法看到自身的价值。 当你处于劣势地位时，你的注意力会不知不觉放在自己不够好的部分，总是纠结于自己和他人的差距，而很容易忽视自身所拥有的价值，这会让你更难建立平等的对话。

挑战三：很难做到真实表达。 沟通的成功，依赖于彼此对信息和感受的分享。但当你处于劣势地位时，要做到真实表达，将面临很大的压力。因为表达不利于自己的信息，可能会让你遭受损失，而表达不同的看法，则可能会激怒对方。

挑战四：难以做到换位思考。 很多人总觉得换位思考，是那些处于优势地位的人才应该做的，其实并非如此。如果你能理解上司的困境，就能更好地配合他完成工作。但当你处于劣势地位时，换位思考也会变得难以做到，因为资源、信息、认知上的不对等，让你无法真正站在对方的视角思考问题。

挑战五：创造平等对话很难。 对处于优势地位的人来说，创造平等的对话，只需要放低姿态就够了。但对处于劣势地位的人而言，创造平等对话，是一件充满挑战的事，不只需要更大的勇气，而且还需要有更强的沟通能力。

沟通中自己处于劣势地位时，如果你能克服内心的恐惧，在沟通的过程中看到自己的价值，大胆表达真实的想法和感受，试着换位思考，去理解对方面临的问题，努力创造出平等的对话，就会让这种艰难复杂的沟通化繁为简。不过这说起来容易，要做到却很难。接下来，我们看看"三剑客"工具如何帮你更好地应对这种沟通场景。

◎ 核心原则能帮到你什么

核心原则，对应的焦点是你在沟通中所持有的信念，它不但能帮你觉察四种陷阱式信念，还帮你对抗这些陷阱式信念。如果某次沟通中你处于劣势地位，就很容易掉进他人更重要的陷阱式信念。一旦持有这种信念，你就会认为对方的需求和想法是应该被优先关注的，而自己的需求和观点则没有那么重要。如果出现分歧，你也总是倾向于妥协和让步。也许此时的沟通对你而言很重要，但只要一想到会打扰对方，你很可能就会主动放弃沟通。

假设你已经完全掌握了核心原则，并让核心原则成为自己沟通习惯的一部分，那么当你处于劣势地位时，你就能极大地提升沟通成功的概率。你不会因为对方处于优势地位而自我否定，而会坚守平衡原则，表现得不卑不亢。因为你觉得彼此都是重要的，敢于共享更多信息，表达自己的需求和期待，而不是委曲求全。同样你也不会因为对方缺乏沟通意愿而轻易放弃沟通。如果你觉得某次沟通是重要的，就可能会主动创造沟通的机会。

◎ 状态象限如何支持你

状态象限的焦点在沟通对象，它让你从自己的世界里走出来，远离破坏型沟通状态，并帮助你创造出理想型沟通状态。当在沟通中你处于劣势地位时，要达到理想型沟通状态，面临的最大阻力在于提升对方在价值意义维度获得的认知。由于对方身份地位比你高，你就会努力带给对方好的情绪感受，但不一定能让对方认知到更大的价值意义，因为对方的认知往往更高，掌握着更多的信息，会站在全局的角度思考问题。基于这样的特点，他们会对你表达的内容提出更高的要求。你必须洞见他们的需求，了解他们所关心的问题，具备专业的知识，才能给他们提供更有价值的信息。

如果你已经让状态象限成为自己沟通习惯的一部分，就能比普通人更善于应对这种情况。好的沟通过程，不只在于拥有舒适的对话氛围，还在于能为他人提供有价值的信息，职场中的沟通环境更是如此。状态象限让你不会沉浸在自己的世界里，而是以沟通对象为中心，创造出理想型沟通状态。处于劣势地位，不代表你提供的信息就不重要，如果你能多关注价值意义的维度，就更有可能创造出理想型沟通状态，赢得对方的尊重，建立平等的对话。

◎ 目标模型如何帮助你

目标模型，对应的焦点是你在沟通中的需求，它让你明确为什么要进行当前的沟通，让你看见实现沟通目标的更多路径。如果你处于劣势地位，对影响类需求而言，你要带给对方改变并不容易，因为对方的职位可能更高，即使他们认为你说得对，但为了维护自己的权威，也可能不会改变自己的看法；而对连接类需求来说，虽然你想让彼此的关系状态发生改变，但身处优势地位的人可能会对别人的靠近有天然的警惕性，甚至会刻意与你保持距离；对协作类需求而言，你要和别人一起做事，就往往需要配合他们的节奏，这个过程可能会让你非常不适应，也会特别被动。

如果目标模型已经成为你沟通习惯的一部分，即使沟通中你处于劣势地位，你的表现也会比之前更好。虽然在这种场景下，所有的沟通需求都不容易实现，但你已经知道自己希望通过这次沟通得到什么。提出一个好问题，更有可能得到一个好答案。同样，明确自己的沟通目标，更有可能实现这些目标。另外，目标模型也为你提供了一些实现目标的路径。比如影响类目标，你可以表达某些合理的请求，也可以强调好处或风险，还可以讲述他人的故事和案例，或者为对方提供一些被忽视的信息，从而重置对方固有的认知。

身份、权力、资源并不只是一种荣耀，其实也是一种责任。那些处于优势地位的人，他们更希望能合理分配自己的资源，以便能创造出更大的价值。因此，只要你能成为他们创造价值的重要支持者，自然会得到他们的认可和重视。我们之所以感觉处于劣势地位时沟通困难，往往是因为太专注于实现自己的目标，而没有将自己的目标融入对方的目标中去。极简沟通"三剑客"工具，帮助你实现自我修炼，不管你处于怎样艰难复杂的沟通场景，它们都可以支持你走出困境，用沟通解决问题，创造现实里的更多美好。

如何成为他人的沟通教练

极简沟通"三剑客"工具，不只将你遇到的艰难复杂的沟通化繁为简，还可以让你帮别人解决沟通难题，这就是我说的成为他人的沟通教练。过去十多年，极简沟通自身的发展，以及多次升级迭代，也源于我在做沟通教练过程中的启发。对沟通领域的专业人士而言，如果掌握了极简沟通，就将拥有更强大的工具，可以更好地支持他人。

本书中关于极简沟通的大量讨论，是针对自我沟通能力修炼的，致力于让你成为一个沟通高手，并没有特别提及如何使用极简沟通"三剑客"工具，做他人的沟通教练。其原因一方面与本书的定位有关，另一方面是沟通能力的提升是成为他人沟通教练的大前提。

◎ 什么是沟通教练

听到"教练"这个词，你可能会想到游泳教练或者瑜伽教练。其实沟通教练跟他们一样，都需要掌握一些专业的技能，是为了支持别人获得某种能力而存在的。如果说游泳教练是让学员快速学会游泳，帮他们纠正一些错误的动作，那么沟通教练就是帮助别人提高沟通能力，解决某个艰难的沟通问题。虽然沟通教练可能会告诉他人一些关于沟通的知识和方法，但他们的核心价值在于为个人遇到的具体问题，提供个性化的专业支持。

沟通教练既可以是一种职业，也可以仅仅是一个角色。过去几年，我在发展极简沟通的过程中，也在进行极简沟通认证专家计划，致力于培养更多的职业沟通教练,通过应用极简沟通"三剑客"工具,为更多人提供专业的沟通支持。虽然职业沟通教练会更专业,但他们毕竟只是少数,因此我希望每一位读者都能在生活和工作中扮演沟通教练的角色,通过"三剑客"工具为身边所有遇到沟通问题的朋友和家人提供支持。那具体该怎么做呢?

◎ 用极简沟通的关键因素分析他人问题

分析问题是解决问题的第一步,要成为他人的沟通教练,你首先得懂得分析对方遇到的沟通问题。在分析沟通问题的时候,很多人会觉得没有头绪或抓不住重点。这时候极简沟通会为你提供一个全新的视角,让你从信念、对象和需求这三个关键因素入手。

当然,这里的信念是指当事人持有的信念,对象也是当事人的沟通对象,而需求也是指当事人想通过沟通得到什么。具体来说,针对当前的沟通困境,你需要了解当事人是否持有四种常见的陷阱式信念,比如是否只关注自己或者把他人看得更重要、有没有坚持沟通的选项等。你还可以了解当事人有没有真正做到关注沟通对象,比如能否带给沟通对象好的情绪感受,以及是否让对方认知到更大的价值意义,从而定义沟通的状态。你也可以帮助当事人思考其沟通背后的本质需求,确定他的目标类型。

在分析当事人沟通问题的过程中,你一定要切记,必须给予当事人足够的尊重。不管是对失败的沟通过程进行复盘,还是对即将发生的沟通进行预测性分析,你的角色始终是当事人的支持者,就像一面镜子,要让当事人看见更多的可能性,而不是批判或指责当事人。

◎ 用极简沟通"三剑客"工具提供建议

作为沟通教练，你无法替他人直接解决问题，你提供的仅仅是一些建议，当事人只有采纳了你的建议，才意味着你创造了价值。所以，你需要不断告诫自己：提出建议本身并不难，难的是能让当事人认可并遵循你的建议去行动。因此，在提出建议的时候，你一定要考虑当事人的意愿和能力，绝不能以高高在上的姿态提出要求或者命令。

通过对当事人的沟通进行分析，你可以根据"三剑客"工具来提出自己的建议。如果当事人持有某些陷阱式信念，你需要让当事人意识到这些陷阱式信念的危害，同时帮助当事人坚守相应的核心原则。如果你发现当事人要进行的沟通可能会陷入某种非理想的沟通状态，则需要提醒他，甚至跟他一起寻找方法，以带给沟通对象好的情绪感受，让对话变得更有价值和意义。当你确认当事人的沟通目标是某种具体类型时，帮助他选择合适的目标实现路径。

在提供沟通教练支持的过程中，当事人可能并不了解极简沟通，也可能不知道"三剑客"工具是什么。你提供的建议一定要具体，确保当事人知道该怎么做，不能只建议当事人应该创造出理想型沟通状态，而要告诉对方怎么做，比如要带给他人好的情绪感受。为了得到这个结果，你可能还要告诉当事人在沟通中多表达些欣赏。

职业沟通教练，需要经过更多的训练，前面的建议仅仅是基础。但如果你只是在生活和职场中扮演沟通教练的角色，只是希望帮助到周围的人，能将艰难复杂的沟通化繁为简，那么遵循前面的建议就可以了。一开始做得不好也没有关系，任何成长都是在犯错中逐渐完成的，只要你带着善意、热情和耐心，就一定能帮助到更多人。

本章小结 ▶

本章我们把注意力聚焦在五种艰难复杂的沟通场景上，既指出了每个场景可能面临的挑战，也分析了"三剑客"工具如何帮你化繁为简。在讨论每个工具之前，我都会说"如果你让它成为你沟通习惯的一部分"，说这句话并非简单重复，它是每个工具真正发挥自身价值的前提。你只有实现对"三剑客"工具的知行合一，才能根据自身的风格，发现真正适合自己的应用方式，才能真正让每次艰难复杂的沟通化繁为简。

关于极简沟通，我经常思考一个问题：既然它聚焦五种艰难复杂的沟通场景，为什么不直接针对五种场景提供具体的建议，而是要让你学习极简沟通"三剑客"工具，并通过ACE系统实现知行合一呢？因为，艰难复杂的沟通场景是千变万化的，相对而言，"三剑客"工具是确定性的。如果你通过ACE系统的刻意练习，让这些工具成了自己沟通习惯的一部分，那么你就能在不确定的沟通场景里，将每次艰难复杂的沟通化繁为简。

 **附录一　极简沟通的12点精要**

◎ 精要1：关于极简沟通

极简沟通，是一套创新的沟通能力发展方案，帮助个人快速提升沟通能力，致力于解决传统方案的困境（内容繁多且信息过载、热衷于操纵而轻视品质、难以实现雪中送炭），遵循了减法思维和第一性原理。

◎ 精要2：关于减法思维和第一性原理

极简沟通希望用更少的工具解决最难的沟通问题，追求沟通中的大道至简。极简沟通从培养沟通能力的本质出发（将艰难复杂的沟通化繁为简），寻找并定义了影响沟通的少数关键因素，围绕这些因素创造出三个工具模型。

◎ 精要3：关于艰难复杂的沟通场景

对于沟通能力，没有人是零基础的。大部分人都具备相应的沟通能力，不需要锦上添花的小技巧，而真正需要的是将艰难复杂的沟通化繁为简（这是沟通能力提升的本质）的能力。若你能将艰难复杂的沟通化繁为简，就意味着你具备了一种向下兼容的能力，从而在更多沟通场景中也表现出色。

◎ **精要4：关于关键因素和工具模型**

极简沟通将你在沟通中所持有的信念（简称信念），你带给沟通对象的情绪感受和认知到的价值意义（简称对象），你希望通过沟通实现的需求（简称需求），定义为三个关键因素。与它们相对应的是极简沟通"三剑客"工具：极简沟通核心原则、极简沟通状态象限、极简沟通目标模型。

◎ **精要5：关于极简沟通核心原则**

核心原则，对应第一个关键因素（信念），沟通中我们所持有的信念决定了表达、倾听和回应方式。四条核心原则，用来远离和对抗陷阱式信念，分别是平衡原则（坚信彼此都是重要的，主动创造平等关系）、路径原则（相信沟通是更好的选项，持续寻找或创造沟通的可能性）、主体原则（明确为自己的情绪负责，主动调整自己的情绪）、权益原则（尊重对方的选择权，同时明确自己的权利）。

◎ **精要6：关于极简沟通状态象限**

状态象限，对应第二个关键因素（对象），关注点是你带给沟通对象的情绪感受和对方认知到的价值意义（只有在乎他人的需求，他人才会回应你的需求）。状态象限定义了四种沟通状态：友好型（对方的情绪感受好，但认知到的价值意义小）、理想型（对方的情绪感受好，认知到的价值意义大）、风险型（对方的情绪感受不好，但认知到的价值意义大）、破坏型（对方的情绪感受不好，同时认知到的价值意义小）。提升情绪感受的途径有：认同或赞美、尊重或包容、好事或喜讯、关心或在乎。使沟通对象认知到更大价值意义的途径有：答案或经验、反馈或思考、新奇或有趣、权威或现场。

◎ **精要7：关于极简沟通目标模型**

目标模型，对应第三个关键因素（需求），让你在沟通中明确自己的本质需求，并选择更科学有效的路径实现这些需求。极简沟通定义了三种沟通需求：影响类（通过沟通让对方的选择、认知、行为等发生某种改变）、连接类（通过沟通让彼此的关系状态发生某种改变）、协作类（通过沟通联合对方让事或物的现状改变）。通过组合这些需求，可以得到七种目标类型。影响类目标的实现路径主要有：提出请求、强调好处或风险、讲述他人的选择、重置固有认知。连接类目标的实现路径主要有：表达建立关系的意愿、发现彼此的相似点、适当地袒露心扉、真诚地表达欣赏。协作类目标的实现路径主要有：表达期待的结果、共享背景信息、讨论彼此的分工、与对方进行确认。

◎ **精要8：关于工具创造价值的途径**

"三剑客"工具创造价值的途径有四种，分别是：提醒（让你能觉察，注意到一些关键信息）、激励（让你有动力，远离或靠近某种结果）、定位（让你知现状，获得更准确的反馈）、指导（让你有计划，懂得如何实现期待的结果）。不管是核心原则，还是状态象限或目标模型，你都能通过以上四种途径创造价值。

◎ **精要9：关于工具的选择**

面对艰难复杂的沟通场景，任何"三剑客"工具的使用都会对当前的沟通有帮助，它们主要的区别首先在于关注点和功能的差异，其次是影响力的差异（对沟通结果的影响程度而言，一般核心原则最大）。在具体的应用中，某个工具既可以单独使用（只依靠某个工具解决当前的沟通问题），也可以与其他工具组合使用（通过两个或三个工具共同解决当前的沟通问题）。

◎ 精要10：关于极简沟通ACE系统

如何实现对"三剑客"工具的知行合一，让它成为自己沟通习惯的一部分，是学习者将面临的巨大挑战，极简沟通ACE系统致力于解决这个问题。它既能发挥桥梁作用（连接具体的沟通场景和"三剑客"工具），也能帮助学习者实现"三剑客"工具应用的刻意练习（通过主动觉察和重复，形成一种全新的沟通习惯）。ACE分别代表评估、选择和创建三个任务。

◎ 精要11：关于ACE系统的桥梁作用

面对艰难复杂的沟通场景，你可以利用"三剑客"工具，对沟通进行评估（发现是否持有陷阱式信念，了解沟通处在怎样的状态，觉察自己的需求和目标类型是什么）、选择（在评估的基础上，依据工具模型发现选项并做出决定）、创建（工具模型能为你提供改变的资源和策略，你可以利用它们得到自己期待的沟通结果）。

◎ 精要12：关于ACE系统和刻意练习

ACE系统在整合"三剑客"工具时，不同沟通阶段的使命存在差异。具体来说，沟通前的使命是为沟通做好准备，沟通中的使命是指导个人灵活应对当前的沟通，沟通后的使命是进行补救或复盘。而刻意练习则体现在，学习者通过评估、选择和创建三个任务，将大部分无意识的沟通，转变为主动觉察的沟通过程。经过不断重复使用"三剑客"工具，逐渐拥有一种全新的沟通习惯，从而实现对"三剑客"工具的知行合一。

 **附录二 状态象限创造者画像**

在极简沟通"三剑客"工具中,状态象限是一个很强大的工具,它能帮助你快速确定沟通状态,并指导你创造出理想型沟通状态。当然,要想应用状态象限,我们必须知道状态象限中的四种代表性状态,它们是基于他人的情绪感受和认知到的价值意义来定义的,这也意味着我们需要在沟通中,将自己的视角转变为他人视角。为了帮助你实现这种转变,我为你提供一个状态象限创造者画像。通过这些画像,你可以了解不同沟通状态是如何被创造出来的。

在认识状态象限创造者画像之前,我们需要特别明确:沟通中他人的情绪感受好坏,以及认知到的价值意义大小,虽然受我们沟通方式和行为的影响,但最终的情绪感受和认知结果还取决于许多因素。比如对方的个性和情感状态,双方的关系历史,对话的背景和环境,文化和社会背景等。尽管我们无法直接决定他人的情绪感受和认知到的价值意义,但我们的行为、言辞和态度却在很大程度上影响着他人的反应。所以,状态象限创造者画像的建立,基于大多数人的一般反应模式,是对沟通行为可能产生的情绪感受和认知结果的预期,而不是绝对的结果。

1. 友好型状态创造者画像

友好型状态创造者倾向于避免开展具有挑战性或潜在冲突的话题,更倾向于通过轻松、礼貌的交流来维持和谐,以避免冲突和不适。他们希望营造出一种温和、舒适的交流环境，使对方感到放松和受欢迎。然而，这种方式往往导致对话缺乏实质性内容和深度，使对方难以从中获得显著的价值和认知上的启发。尽管他们擅长情感上的安抚，但在提供实际帮助、引发思考或建立深刻的情感连接方面存在不足。

常见表现：

注重礼貌但不愿深入　他们非常重视礼貌和表面的和谐，倾向于避免深入对话，以免打破表面的平静。虽然这种做法让对方感到舒适，但由于缺乏实质性内容和深度，常常无法带来认知上的启发或实质性价值。

总是回避冲突，缺乏深度　为了避免可能的冲突，他们往往选择安全无害的对话主题，这虽然能让对方在情绪上保持稳定，但沟通因此失去了深度，无法带来新的见解或思想上的突破。

缺乏兴趣或知识，导致交流表面化　由于对某些话题缺乏兴趣或知识，他们的交流往往停留在表面，难以提供有价值的信息或洞见。虽然对方在情绪上不会受到负面影响，但也无法从中获得有意义的认知收获。

避免关系变化，维护现状　他们担心深入对话会改变现有关系的状态，因此宁愿保持对话在表面层次，避免可能带来的不确定性。这种方式能让对方在情绪上保持稳定，但也阻碍了关系的进一步发展和思想上的深度交流。

避免个人暴露，缺乏深度情感共鸣　出于不愿暴露脆弱性的考虑，他们避免涉及个人深层感受的讨论，这使对话内容单调，难以引发深刻的情感共鸣和认知共鸣。

热衷广而不深的关系，缺乏情感连接　虽然他们可能拥有广泛的社交网络，但这些互动大多是表面的，缺乏深度。这种广而浅的社交方式让对方感到轻松，却难以形成有价值的情感连接或认知收益。

2. 风险型状态创造者画像

风险型状态创造者热衷于探讨挑战性话题，希望通过深入的讨论来揭示真相或解决问题。他们的沟通方式通常能带来深度思考和认知启发，有助于促使对方反思和成长。然而，这种直接甚至粗暴的方式，往往伴随着他人情感上的不适，很容易引发冲突或让对方受到伤害。尽管他们在认知上能为别人提供启发，但在情绪上却制造了大量问题，让对方内心缺乏安全感，最终引发了抵触和反感。

常见表现：

单方面推动话题深入，忽视对方感受　他们在对话中往往主动引导或推动深入探讨，不考虑对方是否准备好接受这种深度交流。这种行为尽管能促使对方在认知上获得启发，但可能让对方感到压力和抵触，甚至导致对方回避进一步的讨论。

乐于表达不同意见，带来挑战性思考　他们不掩饰自己与对方不同的观点，并且直言不讳地指出对方的盲点或错误。虽然这种做法有助于对话的深入和拓展，能促使对方反思和成长，但也容易让对方感到被攻击或冒犯，从而产生防御性反应。

敢于直面或制造冲突，促使问题解决　他们不回避冲突，甚至认为在必要时制造冲突是解决问题的有效途径。尽管这种方式有时能带来突破性的进展，使对方在认知上获得重要的洞见，但也容易让对方感到紧张或愤怒，影响对话的顺利进行。

强调成果而忽视过程，情感上可能有伤害　他们在沟通中往往过于关注达成具体的结果或解决问题，忽视了过程中的情感交流和人际关系的维护。虽然这种专注成果的方式能带来认知上的实质性进展，但可能导致对方感到被忽视或受到伤害，从而影响对话的整体效果。

表达方式过于直接，缺乏缓冲　他们在表达个人观点时往往非常直率，甚至是锐利的，缺乏情感上的缓冲。虽然这种直接方式有助于迅速达成共识，但容易让对方感到不适或受到威胁，从而引发防御反应。

只关注对话深度，忽略对方感受　他们主要关注对话的深度，倾向于深入讨论复杂或具挑战性的话题，而忽略了对方的情绪感受或当下的安全感。这种对话方式虽然能让对方进行深刻的思考和获得启发，但可能让对方感到压力过大，难以从对话中获得愉悦感。

3. 破坏型状态制造者画像

破坏型状态制造者通常表现出高度的对抗性，执着于表达自己的情绪和诉求，完全忽视对方的感受和沟通的整体氛围。他们的沟通方式不仅让对方感到被攻击、不被尊重而极度不适和愤怒，还由于内容往往缺乏逻辑和建设性，使对方在认知上无法获得任何有价值的启发。这种沟通方式最终让对话失去意义，甚至可能导致关系的破裂。

常见表现：

以自我为中心，忽视他人感受　沟通时他们高度以自我为中心，几乎不考虑对方的感受，这导致对方感到被忽视和不被尊重，情绪上非常受挫，同时也无法从中获得认知上的启发。

情绪化表达，缺乏理性控制　他们倾向于通过情绪化的方式表达不满和意见，不顾言辞的合理性和后果。这种缺乏理性控制的表现不仅使对方感到有压力，还会使对话充满敌意，导致沟通彻底失效，无法为对方带来任何有意义的认知收获。

语言攻击性强，容易引发抵触　他们常常使用攻击性语言，直接贬低或羞辱对方。这样的交流方式让对方感到被攻击和受伤，进而产生强烈的抵触情绪，使对话氛围迅速恶化，并在认知上无法产生任何实质性的成果。

缺乏同理心，难以建立情感连接 他们无法或不愿理解对方的感受和立场。这种缺乏同理心的态度不仅破坏了情感连接，让对方感到被孤立和不被理解，也让对方感受到对话空洞无物，无法从中获得启示。

不接受反对意见，固执己见 他们顽固地坚持自己的观点，不愿倾听或考虑他人的意见。这种顽固和封闭的态度导致对话陷入僵局，使对方感到沮丧和无力，且无法从对话中获得任何积极的成果。

制造紧张氛围，容易引发争吵 他们故意制造紧张或对抗的氛围，试图通过压力和恐吓来控制对话进程。这种行为不仅让对方感到极度不安和有压力，还容易引发激烈的争吵，彻底消除任何建设性对话的可能性，使得沟通陷入无意义的争论，最终无法为对方带来任何认知上的价值或启发。

4. 理想型状态创造者画像

理想型状态创造者能够在沟通中实现舒适度与深度的平衡，为对方带来愉悦的情绪体验，同时促使对方在认知上有所收获。他们不仅注重理解与共鸣，还能通过有效的探讨和分享，促使对方思考与成长。这种沟通方式平衡了礼貌与坦诚、共情与逻辑，创造了一个既轻松愉快又富有意义的交流环境，使对方感到被支持、尊重，并在认知上有所收获。

常见表现：

平衡和谐与深入，既亲切又富有意义 他们在沟通中能够巧妙地平衡表面和谐与深入探讨，既保持融洽的对话氛围，又不回避重要或复杂的话题。这种平衡使对方既能感受到来自对话的情感支持，又能通过深度交流获得新的视角和见解，从而在情感和认知上都得到满足。

自信且开放，尊重与表达并重　他们表现出高度的自信，同时也愿意倾听和尊重他人的观点。这种开放的态度使得对方感到自己的意见被重视，而他们的表达方式则能引导对方思考，并引导对话向更有价值的方向发展，最终双方都能从中受益。

善于处理冲突，将冲突转化为理解　他们不回避对话中的分歧或冲突，反而善于通过温和而坚定的方式处理这些问题，从而将潜在的对抗转化为建设性的交流。这种方式不仅能缓解对方的紧张情绪，还能通过化解冲突促进更深的理解与合作，使对话变得更加有意义和富有成效。

富有知识和洞察力，提供启发性见解　他们通常具备广泛的知识和敏锐的洞察力，能够在对话中提出有价值的见解和建议。这种深度的交流不仅让对方感到愉悦，还能带来实质性的启发，使对方在认知上获得成长，并从对话中汲取有价值的信息。

推动积极关系发展，愿意共同进步　他们希望通过对话推动双方关系的发展和深化，关注如何通过有效沟通建立更强的联系和合作。这种积极的态度不仅让对方感受到关系的深入发展，还能通过有意义的对话促进双方共同成长和进步。

情感开放，注重共情与支持　他们在对话中乐于分享个人的感受和经历，并展现出高度的共情能力。这种情感开放性让对方感到被理解和支持，增强了情感连接，同时也为对方提供了一个安全而信任的交流空间，使对话更加深入和富有意义。

状态象限创造者画像，通过对每种状态创造者具体行为的描述，让你清晰地知道自己的哪些行为，可能会创造出怎样的沟通状态。虽然没有人能做到在每场对话中都成为理想型沟通状态的创造者，但我们的沟通习惯，让我们在沟通中存在一些倾向。通过对这种倾向的觉察，我们也可以判断自己实现有效沟通的概率。比如，你发现自己总是倾向于制造破坏型沟通状态，那么你就很难通过沟通解决问题或建立关系。

状态象限创造者画像，类似于一面镜子，帮助你识别自己在不同情境中的沟通倾向，避免持续成为破坏型沟通状态的创造者；还能促使你进行自我反思，在对话中调整和优化自己的沟通方式。比如，当你意识到自己倾向于创造友好型沟通状态时，可以努力加深对话的深度，避免仅仅停留在表面化的交流。

附录三 参考文献

[1] 纳德·B. 阿德勒, 拉塞尔·F. 普罗科特. 沟通的艺术[M]. 黄素非, 李恩, 王敏, 译. 北京: 北京联合出版公司, 2017.

[2] 史蒂芬·柯维. 高效能人士的七个习惯(30周年纪念版)[M]. 高新勇, 王亦兵, 葛雪蕾, 译. 11版. 北京: 中国青年出版社, 2020.

[3] 丹尼尔·卡尼曼. 思考快与慢[M]. 胡晓姣, 李爱民, 何梦莹, 译. 北京: 中信出版社, 2012.

[4] 戴维·迈尔斯. 社会心理学[M]. 侯玉波, 乐国安, 张智勇, 等译. 11版. 北京: 人民邮电出版社, 2016.

[5] 阿尔伯特·埃利斯. 理性情绪[M]. 李巍, 张丽, 译. 北京: 机械工业出版社, 2014.

[6] 理查德·道金斯. 自私的基因[M]. 卢允中, 张岱云, 陈复加, 等译. 北京: 中信出版社, 2012.

[7] 马歇尔·卢森堡, 丹尼尔·珀尔曼. 非暴力沟通[M]. 阮胤华, 译. 北京: 华夏出版社, 2018.

[8] 罗兰·米勒. 亲密关系[M]. 王伟平, 译. 6版. 北京: 人民邮电出版社, 2015.

[9] 本田直之. 少即是多: 北欧自由生活意见[M]. 李雨潭, 译. 重庆: 重庆出版社, 2015.

[10] 理查德·科克. 80/20法则[M]. 冯斌, 译. 2版. 北京: 中信出版社, 2014.

[11] 科里·帕特森, 约瑟夫·格雷尼, 罗恩·麦克米兰, 等. 关键对话: 如何高效能沟通（原书第2版）[M]. 毕崇毅, 译. 北京: 机械工业出版社, 2012.

[12] 前田约翰. 简单法则[M]. 张凌燕, 译. 北京: 机械工业出版社, 2014.

[13] 约翰·斯图尔特. 沟通之桥[M]. 王怡红, 陈方明, 译. 10版. 北京: 北京大学出版社, 2017.

[14] 阿尔伯特·埃利斯, 阿瑟·兰格. 我的情绪为何总被他人左右[M]. 张蕾芳, 译. 北京: 机械工业出版社, 2015.

[15] 凯利·麦格尼格尔. 自控力[M]. 王岑卉, 译. 北京: 文化发展出版社, 2013.

[16] 安德斯·艾利克森, 罗伯特·普尔. 刻意练习[M]. 王正林, 译. 北京: 机械工业出版社, 2016.

[17] 盖瑞·查普曼, 保罗·怀特. 赞赏的五种语言[M]. 延玮, 译. 北京: 中国商业出版社, 2013.

[18] 托马斯·A.哈里斯. 我好, 你好[M]. 林丹华, 周司丽, 译. 北京: 机械工业出版社, 2019.

[19] 罗伯特·B.西奥迪尼. 影响力（经典版）[M]. 闾佳, 译. 北京: 北京联合出版公司, 2016.

[20] 科里·弗洛伊德. 沟通的力量: 成功人际交往12法[M]. 李育辉, 译. 北京: 机械工业出版社, 2011.

[21] 维克多·弗兰克尔. 活出生命的意义[M]. 吕娜, 译. 北京: 华夏出版社, 2018.

[22] 提摩西·威尔逊.最熟悉的陌生人：自我认知和潜能发现之旅[M].段鑫星,武瑞芳,范韶维,译.北京：人民邮电出版社,2014.

[23] 丹尼尔·戈尔曼.情商（实践版）[M].杨春晓,译.北京：中信出版社,2012.

[24] 乔纳森·海特.象与骑象人：幸福的假设（更新版）[M].李静瑶,译.杭州：浙江人民出版社,2012.

[25] 奥里森·马登.信念：相信是万能的开始[M].穆秋月,肖文键,编译.北京：中国华侨出版社,2013.

[26] 丹尼尔·戈尔曼.情商2：影响你一生的社交商[M].魏平,张岩,王珍珍,等译.3版.北京：中信出版社,2018.

[27] 纳西姆·尼古拉斯·塔勒布.反脆弱[M].雨珂,译.北京：中信出版社,2014.

[28] 亚伦·皮斯,芭芭拉·皮斯.身体语言密码[M].王甜甜,黄佼,译.北京：中国城市出版社,2007.

[29] 史蒂芬·平克.语言本能：人类语言进化的奥秘[M].欧阳明亮,译.杭州：浙江人民出版社,2015.

[30] 伊莱恩·碧柯.美国培训与发展协会领导力开发手册[M].徐中,占卫华,刘雪茹,译.北京：电子工业出版社,2012.

[31] 马修·利伯曼.社交天性：人类社交的三大驱动力[M].贾拥民,译.杭州：浙江人民出版社,2016.

[32] 彼得·圣吉.第五项修炼：学习型组织的艺术与实践[M].张成林,译.北京：中信出版社,2009.

[33] 米歇尔·N.希奥塔,詹姆斯·W.卡拉特.情绪心理学（原著第三版）[M].周仁来,等译.北京：中国轻工业出版社,2023.

[34] 克里斯·沃斯,塔尔·拉兹.强势谈判[M].赵坤,译.北京：九

州出版社,2017.

[35] 比尔·博内特,戴夫·伊万斯.斯坦福大学人生设计课[M].周芳芳,译.北京:中信出版社,2017.

[36] 尼基·斯坦顿.沟通圣经:听说读写全方位沟通技巧[M].罗慕谦,译.北京:北京联合出版公司,2015.

[37] 蒂姆·博诺.幸福的科学[M].徐天凤,译.北京:中信出版社,2020.

[38] 沙恩·帕里什.思考的框架[M].尚书,译.北京:中信出版社,2023.

[39] 奥南朵.对生命说是[M].韩凝,译.北京:民主与建设出版社,2020.

[40] 查尔斯·都希格.习惯的力量[M].吴奕俊,陈丽丽,曹烨,译.北京:中信出版社,2013.

 **读完这本书你发生了哪些改变**

在这本书的最后,我想分享一个让自己特别受益的阅读习惯。每当我读完一本书,总会问自己:这本书让我发生了哪些改变?当然,这里说的改变,并不是行为或生活方面的(虽然这些是我们期待的最终结果,但书并不会像魔法一样瞬间改变我们的现实世界),所有的改变先从我们的认知开始。

现在你已经读完了《极简沟通》,那么前面的这个问题我也同样问你,这本书让你发生了哪些改变?按照我以往的经验,问出这个问题后,答案并不会脱口而出,有时候你甚至会毫无头绪,因为这可能是你第一次思考这个问题。没有立即说出答案,并不是说没有改变。这个时候,你需要做的事情是放下书,认真回顾自己的阅读过程,重新审视书里的核心要点,或许你会发现更多。接下来我会从作者的角度,跟你分享撰写《极简沟通》的过程中,我内心希望的一些改变,或许它们对你思考前面的问题有帮助。

我希望你在读完《极简沟通》之后,能意识到自己时间和精力的稀缺,不会迷失在无数沟通技巧或话术里。这倒不是说技巧和话术一无是处,只是它们数量众多,而适用的场景有限,在追求它们的过程中你会耗费大量精力。当你开始用少即是多的减法思维,重新规划自己在沟通方面的修炼时,你将会获得更多回报。

除此之外,读完《极简沟通》之后,我希望你对沟通信念、对象和需求有更多关注。比如你能在每个重要的沟通时刻,都主动觉察自己所持有的信念,看看自己是否存在四种陷阱式信念;你会站在沟通对象的角度判断他们的情绪感受好坏,以及认知到的价值意义大小,从而判断即将或正在进行的沟通到底处于哪一种状态;你会觉察自己的本质需求,认真判断到底它属于影响类、连接类还是协作类?只有当你更全面看待自己的沟通需求时,才不会执着于某类需求,让沟通走向错误的方向。

另外,我也希望你在读完《极简沟通》之后,能理解极简沟通"三剑客"工具存在的背景,认识到它们所拥有的独特价值,并愿意用 ACE 系统对工具的应用进行刻意练习。不管是情感世界里,还是职场中,每一场对话都在创造或影响彼此的关系。若你掌握了极简沟通"三剑客"工具,就意味着在关系遭遇挑战的时刻,你更善于用沟通创造自己期待的美好。

极简沟通,是一套创新的沟通能力发展方案。现在你已经对它有了更多认识,它能帮你成为沟通高手,但这绝不是因为你仅仅读了这本书。你必须理解、接纳、练习和应用书里的内容,才能真正提升自己的沟通能力。过去几年,为了帮助更多人完成这个过程,我和团队伙伴也做了许多事情。比如我们发起了沟通实验室,通过线下的工作坊和课程,支持个人用极简沟通提升领导力,去应对关系挑战,同时还创立了沟通教练平台,为那些被关系问题困扰的人提供沟通教练的服务。如果你需要更多支持,欢迎你通过访问极简沟通的官方网站,或公众号等自媒体平台联系我们。

在这本书后记的最后部分,我会摘录极简沟通社区成员对极简沟通的一些思考和感悟。极简沟通社区,是极简沟通学习者深度对话的聚集地,由沟通实验室联合创始人钱钱,与极简沟通认证专家一菱和洛洛共同发起。社区里既有极简沟通的读者,也有极简沟通认证专家,还有沟通实验室的课程成员等。极简沟通的发展和升级,也得益于极简沟通社区成员之间的讨论和交流。

@洛洛(南京,某上市公司服务总监)

> 极简沟通最吸引我的是,它把沟通中的关键因素拆解了出来,让沟通这件主观的事变成了客观的、可分析的、可衡量的事。以前当沟通出现问题时,我会关注很多方面,也总是出现眉毛胡子一把抓的情况,而现在我会只关注三个关键因素,觉察自己的信念,关注沟通对象,思考自己的需求。我觉得这就是减法思维的魅力。

@叶子(深圳,某上市公司HR经理)

> 极简沟通是一门特别的沟通学问。我上过很多沟通课,也看了不少关于沟通的书,但极简沟通给我的印象很不同。它倡导的是减法思维,在我看来,大部分关于沟通的书倡导的是加法思维,总是介绍太多技巧和方法,而极简沟通只聚焦艰难复杂的沟通场景,这种选择的背后也体现了张零老师的智慧。

@忘歌（惠州，成长类自媒体博主）

> 我觉得极简沟通在个人成长中，有减少内耗的作用。一个人学习和掌握极简沟通后，更能看到沟通现象背后的本质，这意味着他们能在繁杂中抓住重点，避免在糟糕的沟通模式里打转。高质量的沟通，能带来生活质量和工作效率的提升，从而让你有更多的时间和精力来注重自我提升。

@一菱（柳州，极简沟通社区联合发起人）

> 我认为学习极简沟通的难点是要敢于自我"变革"。当沟通出现问题的时候，我们很容易将问题的原因归于他人，觉得他人应该做出改变。事实上，应该改变的往往是我们自己，我们如果能消除自己的陷阱式信念，或者能创造出理想型沟通状态，就可能得到完全不同的结果。极简沟通让我有一种"照镜子"的体验，让我透过沟通"看到"自己，这是特别有意义的，也是充满挑战的。

@林舒妮（深圳，极简沟通社区成员）

> 去年跟张零老师一起参与了沟通实验室的创业项目，对年轻人的沟通方式有了更多思考。对"95后""00后"这些新生代来说，很多人会给自己贴上"打直球""社恐"的标签。这些标签在我看来并不是自我否定，而是年轻人对弯弯绕绕复杂人际关系的抗拒。极简沟通提倡的是回归人际关系的本质——既能得到高质量的谈话，又追求足够的简单，这对初入职场的年轻人来说特别有意义，也是快速提升自己职场竞争力的一种选择。

@绕指柔（郑州，某企业人力资源负责人）

作为一名资深的HR，我每天的工作有80%属于沟通范畴。我觉得极简沟通给了我一个沟通的框架，比如在一场艰难的调岗谈话前，我会先检视自己的信念，提醒自己关注沟通状态、厘清沟通目标。当我花时间完成这些动作后，发现我的工作效率提升了，很多本来棘手的问题，也得到了妥善处理。

@董志博（深圳，某国有控股上市公司IT团队项目经理）

通过阅读书或学习课程，你能很快知道极简沟通的理念和工具，但这不算真的掌握极简沟通。我们平常的沟通，都是习惯性反应，只有让"三剑客"工具的应用变成自己的习惯，才等于掌握了极简沟通。所以，如何实现知行合一，是我认为的一个学习难点。

@王素珍（深圳，极简沟通认证专家）

我在学习和分享极简沟通的过程中，经常会用到一组数字"5311"，现在我也把它分享给你。"5"代表5个艰难复杂的沟通场景，"3"代表3个影响沟通成败的关键因素，"1"代表极简沟通"三剑客"工具，最后一个"1"指的是ACE系统。将艰难复杂的沟通化繁为简，并不表示这样的沟通很多，任何事情从难的地方入手，你将成长得更快。

@钱钱（深圳，沟通实验室、极简沟通社区联合发起人）

> 我们修炼自己沟通能力的目的，自己并不是要给别人展示"看我的沟通能力多强"，而是用沟通为自己创造一个个美好。如何将极简沟通带入自己的"真实世界"，在和身边的同事和家人沟通的时候，用极简沟通支持你得到成功和幸福，这是我认为的学习重点，也是学习难点。